"形势与政策"教学系列丛书
陶 倩 主编

"形势与政策"教学教案集
—— 政治、党建、国际关系与外交篇

申小翠 许静仪 刘子杰 等 著

上海大学出版社
·上海·

图书在版编目(CIP)数据

"形势与政策"教学教案集. 政治、党建、国际关系与外交篇/申小翠等著. —上海：上海大学出版社，2019.9

("形势与政策"教学系列丛书/陶倩主编)

ISBN 978-7-5671-3701-1

Ⅰ.①形… Ⅱ.①申… Ⅲ.①时事政策教育-教案(教育)-高等学校 Ⅳ.①G641.4

中国版本图书馆 CIP 数据核字(2019)第 198592 号

责任编辑　王　聪
封面设计　柯国富
技术编辑　金　鑫　钱宇坤

"形势与政策"教学系列丛书
陶倩　主编

"形势与政策"教学教案集
——政治、党建、国际关系与外交篇

申小翠　许静仪　刘子杰　等　著

上海大学出版社出版发行
(上海市上大路99号　邮政编码200444)
(http://www.shupress.cn　发行热线 021-66135112)
出版人　戴骏豪

*

南京展望文化发展有限公司排版
江苏凤凰数码印务有限公司印刷　各地新华书店经销
开本 710mm×1000mm　1/16　印张 12.75　字数 191 千
2019年9月第1版　2019年9月第1次印刷
ISBN 978-7-5671-3701-1/G·3053　定价 68.00 元

本书获全国高校思想政治理论课教学科研团队择优支持计划——《高校"形势与政策"课创新建设研究》项目经费、上海高校高峰高原学科建设经费支持。

目 录

政 治 篇

常规模块 / 3

一、坚持走中国特色社会主义政治发展道路 / 3

（一）坚持走中国特色社会主义政治发展道路的根本目标 / 3

（二）坚持走中国特色社会主义政治发展道路的根本要求 / 6

（三）坚持走中国特色社会主义政治发展道路的基本途径 / 9

二、全面推进依法治国 / 12

（一）依法治国基本方略的提出与发展 / 12

（二）依法治国的内涵和重要意义 / 13

（三）全面依法治国的指导思想、总目标和基本原则 / 14

（四）全面推进依法治国的战略重点 / 17

三、积极稳妥地推进政治体制改革 / 20

（一）政治体制改革的内涵 / 20

（二）政治体制改革的必要性 / 23

（三）政治体制改革的主要成就 / 26

（四）深化政治体制改革的总体要求 / 30
　　（五）深化政治体制改革的主要任务 / 31

重点模块 / 33

　四、习近平治国理政思想的总体框架 / 33
　　（一）实现中华民族伟大复兴的中国梦 / 33
　　（二）协调推进"四个全面"战略布局 / 35
　　（三）牢固树立新发展理念 / 37
　　（四）案例分析 / 39

　五、深化行政体制改革 / 40
　　（一）行政体制改革取得的成就 / 40
　　（二）行政体制改革的现状 / 42
　　（三）行政体制改革的目标和重点 / 43
　　（四）案例分析 / 45

　六、健全社会协商民主制度 / 47
　　（一）社会协商民主的现状 / 47
　　（二）社会协商民主的成就 / 48
　　（三）社会协商民主的热点 / 48
　　（四）社会协商民主的发展趋势 / 49
　　（五）案例分析 / 50

　七、提高司法公信力 / 56
　　（一）提高司法公信力的成就 / 56
　　（二）司法公信力的现状 / 58
　　（三）提高司法公信力的目标和重点 / 60
　　（四）案例分析 / 65

动态模块 / 68

　八、专题询问：人大监督新亮色 / 68
　　（一）制度保障专题询问的"刚性" / 68
　　（二）精心选题确保专题询问的时效性 / 69

（三）落实审议意见增强人大监督实效 / 69
　　（四）委员长主持会议激发"活力" / 70
九、"最多跑一次"开启政务公开新篇章 / 71
　　（一）政务公开是建设法治政府的必然要求 / 71
　　（二）"放管服"改革进入新阶段 / 71
　　（三）做好政府改革的"四则运算" / 72
十、凝心聚力　开创统一战线事业新局面 / 74
　　（一）新时期统一战线事业的科学指导和行动指南 / 75
　　（二）统一战线事业开启新阶段 / 76
　　（三）新形势下做好统战工作的经验启示 / 77

党　建　篇

常规模块 / 81

一、党的建设"伟大工程"发展的历史逻辑 / 81
　　（一）马克思列宁主义党建理论是中国共产党进行自身建设的重要理论支撑 / 82
　　（二）新民主主义革命和社会主义建设时期党的"三大建设"布局的开创 / 82
　　（三）改革开放以来党的建设得到进一步重视和加强 / 84
　　（四）新时代党的建设在理论和实践上的创新 / 85
二、党的建设面临的新课题新考验 / 86
　　（一）世情、国情、党情深刻变化 / 86
　　（二）党的建设面临的"四大考验" / 89
　　（三）党的建设面临的"四种危险" / 90
　　（四）增强"四个意识" / 92
　　（五）新时代党的建设总要求 / 93

重点模块 / 95

三、坚定不移全面从严治党 / 95
　　（一）把党的政治建设摆在首位 / 96
　　（二）用新时代中国特色社会主义思想武装全党 / 100
　　（三）加强党的干部队伍建设和基层组织建设 / 103
　　（四）管党治党必须持之以恒正风肃纪 / 107
　　（五）健全党和国家监督体系 / 110
　　（六）加强廉政建设和反腐败斗争 / 113
　　（七）案例分析 / 114

动态模块 / 127
　　四、新时代中国共产党的历史使命 / 127
　　　　（一）中国共产党的领导地位是历史和人民的选择 / 127
　　　　（二）把人民对美好生活的向往作为奋斗目标 / 130
　　　　（三）为实现中华民族伟大复兴持续奋斗 / 134
　　五、坚持党对一切工作的领导 / 137
　　　　（一）党的领导是中国特色社会主义最本质的特征 / 138
　　　　（二）党的领导是中国特色社会主义制度的最大优势 / 141
　　　　（三）坚持党总揽全局、协调各方的领导核心地位 / 142
　　　　（四）全面提高党的执政能力和领导水平 / 144

国际关系与外交篇

常规模块 / 151
　　一、我国外交关系与政策总体述评 / 151
　　　　（一）我国外交工作的目标和任务 / 151
　　　　（二）我国外交工作的总体布局 / 152
　　　　（三）推动建立长期稳定健康发展的新型大国关系 / 154
　　　　（四）积极发展周边外交 / 155
　　　　（五）新时代的中国外交 / 157

二、新时代中国特色大国外交 / 160
　　（一）当代中国同世界关系的历史性变化 / 160
　　（二）始终不渝坚持走和平发展道路 / 163
　　（三）推动构建人类命运共同体 / 166

重点模块 / 174
　　三、中美关系 / 174
　　　　（一）党的十八大以后中美关系的新特点 / 174
　　　　（二）当前中美关系形势及未来走向 / 176
　　四、中俄关系 / 179
　　　　（一）中俄关系历史回顾 / 179
　　　　（二）新时代中俄关系前景展望 / 180

动态模块 / 182
　　五、钓鱼岛问题 / 182
　　　　（一）我国对待钓鱼岛问题的基本立场和总体思路 / 182
　　　　（二）现状与发展趋势 / 182
　　六、朝鲜半岛问题 / 183
　　　　（一）现状 / 183
　　　　（二）趋势 / 184
　　　　（三）我国对待半岛问题的基本立场和总体思路 / 185
　　七、英国脱欧问题 / 186
　　　　（一）英国脱欧的原因 / 186
　　　　（二）英国脱欧的进程 / 188
　　　　（三）英国脱欧的影响 / 189

后记 / 191

政治篇

常 规 模 块

一、坚持走中国特色社会主义政治发展道路

一个国家选择什么样的政治发展道路,关系其民主政治建设的走向,关系其经济社会的发展和国家政权的稳固。党的十七大报告在强调发展社会主义民主政治时明确提出要走中国特色社会主义政治发展道路。中国特色社会主义政治发展道路,就是高举人民民主旗帜,从中国国情出发,坚持党的领导、人民当家作主、依法治国的有机统一,坚持和完善人民代表大会制度、中国共产党领导的多党合作和政治协商制度、民族区域自治制度和基层群众自治制度,不断推进社会主义政治制度的自我完善和发展。① 中国特色社会主义政治发展道路是中国共产党坚持把马克思主义基本原理同中国具体实际和时代特征相结合,在我国改革开放和社会主义现代化建设的伟大实践中,总结我国发展社会主义民主政治建设正反两方面经验,走出了一条符合中国国情的中国特色社会主义政治发展道路,这是一条为国家富强、民族振兴、人民幸福与社会和谐提供根本保障的政治发展道路。

(一)坚持走中国特色社会主义政治发展道路的根本目标

实现和发展人民民主是中国特色社会主义政治发展的根本目标。十八大报告在谈到坚持走中国特色社会主义政治发展道路和推进政治体制改革中提

---

① 本书编写组:《中国特色社会主义理论与实践研究》,北京:高等教育出版社,2012年,第60页。

出人民民主是社会主义的生命线。实现和发展人民民主是我们党始终高扬的光辉旗帜,中国共产党自成立起就以实现和发展人民民主为己任,创造性地把马克思主义基本原理和中国实际相结合,不断丰富和发展马克思主义的民主政治理论,并创造了适合中国国情、能够保证人民当家作主的民主政治实现形式。

1. 人民民主是社会主义的生命线

党的十八大提出,人民民主是我们党始终高扬的光辉旗帜,人民民主是社会主义的生命。在庆祝全国人民代表大会成立60周年大会上,习近平总书记深刻指出:"人民民主是社会主义的生命。没有民主就没有社会主义,就没有社会主义的现代化,就没有中华民族伟大复兴。"[①]"生命"二字,高屋建瓴地指出了人民民主对于社会主义生存发展的极端重要性,反映了人民民主是社会主义的立身之本、发展之基、活力之源,是社会主义的生命线。

马克思主义始终认为民主是社会主义的本质属性,强调民主与社会主义紧密相连,而人民民主最能反映马克思主义民主最为本质性的内容,它是社会主义的理论之魂。恩格斯有一句名言:"民主在今天就是共产主义。"[②]这一论断把民主视为共产主义的根本要求和基本价值导向。之所以马克思主义经典作家会把民主视为社会主义的根本属性,这是因为社会主义的最终目标是实现每个人自由全面发展,打破一切政治的和经济的压迫关系,让人在政治上、经济上和社会上都免除专制和奴役,因此,社会主义所追求的是一种真正的民主。这种真正的民主不是美国式民主,也不是法国式民主和古希腊民主,它的准确提法应该是人民民主。人民民主是马克思主义民主思想的精神实质,也就是社会主义之魂。具体而言:

人民民主是最广泛的民主。人民民主是社会主义的生命线,是社会主义内在属性和本质要求。没有民主,就没有社会主义,就没有社会主义的现代化,就没有中华民族伟大复兴。社会主义国家坚持一切权力属于人民,人民当

---

① 习近平:《毫不动摇坚持和完善人民代表大会制度 坚持走中国特色政治发展道路》,载《人民日报》,2014年9月6日,第1版。
② 恩格斯:《在伦敦举行的各族人民庆祝大会》,载《马克思恩格斯全集》第2卷,北京:人民出版社,2005年,第664页。

家作主是社会主义民主的本质。中国特色社会主义制度从根本上保证了中国的民主不受资本的操纵，不是少数人的民主，而是最大多数人民的民主。在中国，一切不被法律剥夺政治权利的人都享有民主权利。

人民民主是民主和专政相统一的民主。民主是国体和政体的统一。中国特色社会主义民主是人民民主专政和中国特色社会主义根本政治制度、基本政治制度的统一。人民民主专政是我国的国体。我国宪法明确规定："中华人民共和国是工人阶级领导的、以工农联盟为基础的人民民主专政的社会主义国家。"这一规定表明：人民民主专政是工人阶级（经过共产党）领导的、以工农联盟为基础的、对人民实行民主和对敌人实行专政的国家政权。人民民主专政一方面要求在人民内部实行最广泛的民主，保证国家的权力掌握在人民手中；另一方面对破坏社会主义制度、危害国家安全和公共安全、侵犯公民人身权利和民主权利、贪污贿赂和渎职等各种犯罪行为，依法使用行政手段予以制裁，以保证广大人民群众的民主权利。

人民民主是全面的民主。人民民主不仅仅要求实现人民在政治上的民主权利，还需要实现人民在经济、文化和社会生活等各方面的民主权利。随着中国特色社会主义民主政治发展道路的开辟和中国政治体制改革的深入开展，人民在政治生活中的民主化、经济管理中的民主化和社会生活中的民主化逐渐得到落实，人民对国家事务的民主参与、民主决策、民主管理和民主监督更加广泛。

人民民主是以民主集中制为根本组织原则和活动方式的民主。我国宪法明确规定："中华人民共和国的国家机构实行民主集中制的原则。"中国特色的社会主义民主是在民主基础上的集中和集中指导下的民主相结合的制度。在民主集中制中，民主和集中是辩证统一的，民主是集中的前提和基础，集中是民主的指导和结果。实行民主集中制，要求在充分民主的基础上使人民的意愿和要求得到充分的表达和反映，在此基础上协调不同利益，集中正确意见、集体行使权力、作出科学决策，使人民的意愿和要求得以落实和实现。

2. 发展社会主义民主是我们党始终不渝的奋斗目标

高举人民民主的旗帜必须不断扩大和发展社会主义民主。发展社会主义民主必须坚持从我国国情出发，充分考虑我国的社会历史背景、经济发展水平和文化发展状况等因素,总结自己的实践经验,同时借鉴人类政治文明的有益成果,在中国特色社会主义事业整体推进中不断实现和发展社会主义民主。

发展社会主义民主需要不断健全民主制度。制度更带有根本性、全局性、稳定性和长期性。① 加强制度建设是发展社会主义民主的重要路径。要着重加强制度建设,实现社会主义民主政治的制度化、规范化和程序化。②

发展社会主义民主需要不断丰富民主形式。人民民主不仅体现在国家的政治制度上,而且是通过各种各样的民主形式体现出来的。要探索多种实现人民民主的形式和扩大公民有序参与政治的方式,③从各层次各领域扩大公民有序政治参与,发展更加广泛、更加充分、更加健全的人民民主,④保证人民依法实行民主选举、民主决策、民主管理、民主监督。发展社会主义民主需要不断拓宽民主渠道。通过民主选举、信息公开、社会公示、听证制度、协商对话、舆论监督等途径使广大人民群众依照宪法和法律规定,积极参与管理国家事务,保障人民的知情权、参与权、表达权、监督权。

(二)坚持走中国特色社会主义政治发展道路的根本要求

发展社会主义民主政治,必须坚持中国特色社会主义政治发展道路,关键是要坚持党的领导、人民当家作主、依法治国有机统一。坚持党的领导、人民当家作主、依法治国有机结合起来,集中体现了中国特色社会主义国家政权的性质和中国民主政治的特点和优势,是坚持走中国特色社会主义政治发展道路的根本要求。

党的领导是实现社会主义民主政治的根本保证,是人民当家作主和依法治国的根本保证,也是坚持走中国特色社会主义政治发展道路的根本保证。

---

① 《江泽民在中国共产党第十五次全国代表大会上的报告》,载《中国共产党历次全国代表大会数据库》,中国共产党新闻网,http://cpc.people.com.cn/GB/64162/64168/64568/65400/4429281.html。

② 《江泽民在中国共产党第十六次全国代表大会上的报告》,载《中国共产党历次全国代表大会数据库》,中国共产党新闻网,http://cpc.people.com.cn/GB/64162/64168/64568/65400/6780081.html。

③ 本书编写组:《中国特色社会主义理论与实践研究》,北京:高等教育出版社,2012年,第65页。

④ 习近平:《在庆祝全国人民代表大会成立60周年大会上的讲话》,载《人民日报》,2014年9月6日,第2版。

"中国共产党的领导是中国特色社会主义最本质的特征。"①在中国这样一个十几亿人口的发展中大国,人民利益的广泛性、多样性,实现人民利益的复杂性、艰巨性,必然要求一个能够真正代表广大人民群众利益、集中反映和有效体现人民共同意愿的政治核心。在当代中国,能够担当起这一重任的政治力量,唯有中国共产党。没有共产党,就没有新中国,就没有新中国的繁荣富强。中国共产党是中国工人阶级的先锋队,同时是中国人民和中华民族的先锋队,是中国特色社会主义事业的领导核心,代表中国先进生产力的发展要求,代表中国先进文化的前进方向,代表中国最广大人民的根本利益。"我国宪法以根本法的形式反映了党带领人民进行革命、建设、改革取得的成果,确立了在历史和人民选择中形成的中国共产党的领导地位。"②只有坚持党的领导,才能保证中国特色社会主义事业沿着正确道路顺利推展。只有坚持党总揽全局、协调各方的原则,提高党科学执政、民主执政、依法执政水平,完善党领导经济社会发展的体制机制和方式,保证党领导人民有效治理国家,才能使社会发展既满足人民的愿望和要求,又合乎规律,人民当家作主和依法治国才能获得更可靠的保证。

党的十八大以来,坚持党的领导,特别是坚持党中央集中统一领导,从根本上保证了深化政治领域改革的正确方向。始终坚持把有利于加强党的领导、巩固党的执政地位和执政基础作为出发点和落脚点,在涉及道路、理论、制度等根本性问题和大是大非面前立场坚定、旗帜鲜明,不断推动政治体制改革向纵深发展。中央国家安全委员会、中央全面深化改革领导小组、中央网络安全和信息化领导小组、中央军委深化国防和军队改革领导小组相继成立,加强党中央对党和国家事业全局中重要工作的直接领导力度和统筹协调能力,提高了决策和执行机制的权威性和效能。

从 2015 年起,每年 1 月,中共中央政治局常务委员会听取全国人大常委会、国务院、全国政协、最高人民法院、最高人民检察院党组工作汇报,听取中

---

① 习近平:《在庆祝全国人民代表大会成立 60 周年大会上的讲话》,载《人民日报》,2014 年 9 月 6 日,第 2 版。
② 《中共中央关于全面推进依法治国若干重大问题的决定》,载《人民日报》,2014 年 10 月 29 日,第 1 版。

央书记处工作报告。这已成为实现党中央集中统一领导的制度安排。

此后,中央相继审议通过了《中国共产党党组工作条例(试行)》《中国共产党地方委员会工作条例》等,规范各级党政主要领导干部职责权限、党政部门及内设机构权力和职能等,为党发挥总揽全局、协调各方的领导核心作用提供了坚强的组织制度保障,为全面深化改革这一当代中国最广泛、最深刻的社会变革取得成功提供了根本保证。①

人民当家作主是社会主义民主政治的本质和核心要求,也是坚持走中国特色社会主义发展道路的根本出发点和归宿。人民民主是社会主义的生命,人民当家作主是社会主义民主政治的本质。人民当家作主就是要保证国家各项事业的发展符合最广大人民群众的根本利益。我们党领导人民推翻剥削阶级统治,建立人民民主政权,就是领导和支持人民当家作主,坚持国家一切权力属于人民,坚持一切为了人民、一切依靠人民,领导人民创造各种有效的当家作主的民主形式,依法行使民主权利,管理国家和社会事务,管理经济和文化事业,实现最广大人民群众的意志和利益。背离了人民群众的当家作主的权利,党的执政就失去了群众基础,党的领导就会成为无源之水、无本之木。离开了人民当家作主,不受人民监督,依法治国就会脱离正确方向,失去前提和基础。

依法治国是社会主义民主的有效途径和可靠保障。依法治国是党领导人民治理国家的基本方略。依法治国就是广大人民群众在党的领导下,依照宪法和法律规定,通过各种途径行使管理国家和社会事务、管理经济文化事业的权利,保证国家各项工作和社会政治生活都依法进行,逐步实现社会主义民主的制度化、法律化,使这种制度和法律不因领导人的改变而改变,不因领导人看法和注意力的改变而改变。依法治国与人民民主、党的领导紧密联系、相辅相成、相互促进。依法治国不仅从制度上、法律上保证人民当家作主,而且也从制度上、法律上保证党的执政地位。我国的宪法和法律是党的主张和人民意志相统一的体现。党领导人民通过国家权力机关制定宪法和各项法律,又在宪法和法律范围内活动,严格依法办事,任何组织和个人都不允许有超越宪

---

① 大型政论专题片《将改革进行到底》第三集《人民民主的新境界》解说词,央视新闻网,2017年7月19日,http://news.cctv.com/2017/07/19/ARTIDIZpE78ALHXleEvV96f9170719.shtml。

法和法律的特权,保证法律的有效实施,加快建设社会主义法治国家。

总之,党的领导、人民当家作主、依法治国三者紧密联系、不可分割,反映了发展中国特色社会主义民主政治的内在规律和根本要求。我们要坚持三者的有机统一,不断推进社会主义民主政治制度化、规范化、程序化,进一步发挥社会主义政治制度的优越性,为党和国家兴旺发达、长治久安提供更加完善的制度保障。

(三)坚持走中国特色社会主义政治发展道路的基本途径

坚持和健全人民当家作主的制度体系,是走中国特色社会主义政治发展道路,发展社会主义民主政治的基本途径。①

人民代表大会制度、中国共产党领导的多党合作和政治协商制度、民族区域自治制度、基层群众自治制度等是与我国国情相适应的基本政治制度。坚持走中国特色社会主义政治发展道路,"要把制度建设摆在突出位置,充分发挥我国社会主义政治制度优越性,积极借鉴人类政治文明有益成果,绝不照搬西方政治制度模式"②。

人民代表大会制度是符合中国国情和实际、体现社会主义国家性质、保证人民当家作主、保障实现中华民族伟大复兴的根本政治制度和最高实现形式,"也是党在国家政权中充分发扬民主、贯彻群众路线的最好实现形式"③。在中国实行人民代表大会制度,是中国人民在人类政治制度史上的伟大创造,是深刻总结近代以后中国政治生活惨痛教训得出的基本结论,是中国社会100多年激越变革、激荡发展的历史结果,是中国人民翻身作主、掌握自己命运的必然选择。

人民代表大会制度是中国特色社会主义制度的重要组成部分,也是支撑中国国家治理体系和治理能力的根本政治制度。在建设中国特色社会主义过程中,必须充分发挥人民代表大会制度的根本政治制度作用,坚持、巩固和完

---

① 本书编写组:《中国特色社会主义理论与实践研究》,北京:高等教育出版社,2012年,第63页。
② 胡锦涛:《党的十八大报告:坚定不移沿着中国特色社会主义道路前进 为全面建成小康社会而奋斗》,载《人民日报》,2012年11月9日,第3版。
③ 本书编写组:《毛泽东思想和中国特色社会主义理论体系概论》,北京:高等教育出版社,2018年,第216页。

善人民代表大会制度,继续通过人民代表大会制度牢牢把国家和民族前途命运掌握在人民手中。① 支持和保证人民通过人民代表大会行使国家权力。发挥人大及其常委会在立法工作中的主导作用,健全人大组织制度和工作制度,支持和保证人大依法行使立法权、监督权、决定权、任免权,更好发挥人大代表作用,使各级人大及其常委会成为全面担负起宪法法律赋予的各项职责的工作机关,成为同人民群众保持密切联系的代表机关。

发挥社会主义协商民主的重要作用。实行人民民主,保证人民当家作主,要求治国理政大政方针在人民内部各方面进行广泛商量。协商民主是在中国共产党领导下,人民内部各方面围绕改革发展稳定重大问题和涉及群众利益的实际问题,在决策之前和决策实施中,开展广泛协商,努力形成共识的重要民主形式。协商民主是中国社会主义民主政治的特有形式和独特优势,是实现党的领导的重要方式,丰富了民主的形式,拓展了民主的渠道,丰富了民主的内涵。发展协商民主,必须推进协商民主广泛多层制度化发展,统筹政党协商、政府协商、政协协商,积极开展人大协商、基层协商、人民团体协商,逐步探索社会组织协商,构建程序合理、环节完整的社会主义协商民主体系,确保协商民主有制可依、有规可守、有章可循、有序可遵,不断提高协商民主的科学性和实效性。②

中国共产党领导的多党合作和政治协商制度是中国特色社会主义的政党制度,也是当代中国一项基本政治制度,是中国特色社会主义民主政治制度的重要组成部分。这一制度是在中国革命斗争中形成的,是共产党和各民主党派及社会各界民主人士的共同选择。"在这一制度中,中国共产党领导是首要前提和根本保证,多党合作是核心内容。"③中国人民政治协商会议是统一战线的组织,是多党合作和政治协商的机构,是人民民主的重要实现形式,体现了

---

① 习近平:《在庆祝全国人民代表大会成立60周年大会上的讲话》,载《人民日报》,2014年9月6日,第2版。
② 本书编写组:《毛泽东思想和中国特色社会主义理论体系概论》,北京:高等教育出版社,2018年,第216—217页。
③ 本书编写组:《毛泽东思想和中国特色社会主义理论体系概论》,北京:高等教育出版社,2013年,第158页。

中国特色社会主义制度的鲜明特点。① 人民政协的主要职能是政治协商、民主监督、参政议政。新中国成立以来,中国共产党领导的多党合作和政治协商制度为恢复和发展国民经济、巩固新生人民政权、促进社会主义革命和建设、推动各项社会改革发挥了重要作用。实践证明,这项制度既能实现广泛的民主参与,集中各民主党派、各人民团体和各界人士的智慧,凝聚共识、汇集力量,促进执政党和各级政府决策的科学化、民主化,又能实现集中统一,统筹兼顾各方面的利益要求,体现了中国特色社会主义制度的鲜明特色。

民族区域自治制度是党解决民族问题的基本政策,是我国实现民族平等、保障少数民族权利的重要政治制度。民族区域自治制度是在统一而不可分离的国家领导下,在各少数民族聚居地方设立自治机关,行使自治权,实行区域自治。② 其核心是保证少数民族当家作主,依法自主地管理本民族事务,民主地参与国家和社会事务的管理。坚持和完善民族区域自治制度,巩固平等团结互助和谐的社会主义民族关系,保证了我国各民族不论大小都享有平等的经济、政治、文化和社会权利,防止出现民族隔阂、民族冲突,有利于促进各民族和睦相处、和衷共济、和谐发展,共同维护国家统一和繁荣稳定。

基层群众自治制度是中国特色社会主义民主制度的重要内容。这一制度是依照宪法和法律的规定,由居民(村民)选举的成员组成居民(村民)委员会,"在城乡社区治理、基层公共事务和公益事业中依法自我管理、自我服务、自我教育、自我监督"③的制度。基层群众自治制度是中国共产党领导亿万基层群众发展中国特色社会主义民主政治的伟大创举,是我国最直接、最广泛、最生动的民主实践。实现这一制度,有助于激发广大人民群众当家作主的积极性、创造性和责任感,有利于扩大基层民主,提高人民群众依法管理自己的事务的能力,保障人民享有更多更切实的民主权利。

中国特色社会主义政治发展道路是团结亿万人民共同奋斗的正确道路。

---

① 习近平:《在庆祝中国人民政治协商会议成立65周年大会上的讲话》,载《人民日报》,2014年9月22日,第1版。
② 本书编写组:《毛泽东思想和中国特色社会主义理论体系概论》,北京:高等教育出版社,2013年,第158页。
③ 本书编写组:《毛泽东思想和中国特色社会主义理论体系概论》,北京:高等教育出版社,2018年,第218页。

我们一定要坚定不移沿着这条道路前进,使我国社会主义民主政治展现出更加旺盛的生命力。①

二、全面推进依法治国

2014年岁末,"汉语盘点2014"活动评选结果揭晓,"法"字荣膺中国年度汉字,反映出全社会对法治建设的高度关注。这一年,必将因中国共产党十八届四中全会的召开,在中国法治史上留下光辉的一页。全会通过的《中共中央关于全面推进依法治国若干重大问题的决定》提出了建设中国特色社会主义法治体系、建设社会主义法治国家。这在我们党和国家历史上第一次以中央全会来专门研究法治建设问题,就全面推进依法治国做出决定,彰显了我们党对法治建设的高度重视。

(一)依法治国基本方略的提出与发展

党提出并实施依法治国战略经历了一个曲折的历史过程。1954年,我国第一部宪法正式颁布,这标志着我国民主法治建设实现了历史性跨越和根本性的转变,初步奠定了社会主义法治的基础。1956年党的八大通过的关于政治报告的决议提出,"国家必须根据需要,逐步系统地制定完备的法律"②。但由于多种原因,八大提出的正确方针没能一贯坚持,"文化大革命"使社会主义法治遭到破坏。十一届三中全会后以后,邓小平总结我国法治建设的经验教训,适应改革开放的新要求,十分强调和重视法治建设。十三届四中全会以后,江泽民进一步强调加强社会主义法治建设,并于1996年2月提出了依法治国的思想。十五大把依法治国确定为党领导人民治理国家的基本方略,提出了"依法治国,建设社会主义法治国家"的历史任务。1999年3月,九届全国人大二次会议通过的宪法修正案正式把依法治国这一基本方略以国家大法的形式确定下来。党的十六大提出,发展社会主义民主政治,最根本的是要把坚

---

① 胡锦涛:《党的十八大报告:坚定不移沿着中国特色社会主义道路前进 为全面建成小康社会而奋斗》,载《人民日报》,2012年11月9日,第3版。
② 《刘少奇在中国共产党第八次全国代表大会上的报告》,载《中国共产党历次全国代表大会数据库》,中国共产党新闻网,http://cpc.people.com.cn/GB/64162/64168/64560/65452/4526562.html。

持党的领导、人民当家作主和依法治国有机统一起来。党的十七大提出依法治国是社会主义民主政治的基本要求,强调要全面落实依法治国的基本方略,加快建设社会主义法治国家。

"法令行则国治,法令弛则国乱"。党的十八大强调,要更加注重发挥法治在国家治理和社会管理中的重要作用。党的十八届四中全会第一次以"依法治国"为主题,提出"坚持走中国特色社会主义法治道路,建设中国特色社会主义法治体系"这一论断,明确了全面推进依法治国的重大意义和指导思想。这是对党的十八届三中全会关于"推进法治中国建设"目标任务的深化和细化,是顺应推进国家治理体系和治理能力现代化的需要,在中国法治史上将起到里程碑的作用。

(二)依法治国的内涵和重要意义

依法治国,就是广大人民群众在党的领导下,依照宪法和法律的规定,通过各种途径和形式管理国家事务,管理经济文化事业,管理社会事务,保证国家各项工作都依法进行,逐步实现社会主义民主的制度化、法律化,使这种制度和法律不因领导人的改变而改变,不因领导人看法和注意力的改变而改变。

全面依法治国是历史的深刻启示。综观世界近现代史,凡是顺利实现现代化的国家,都较好地解决了法治和人治的问题。相反,一些国家陷入这样那样的陷阱,没有顺利迈进现代化门槛,很大程度上与法治不彰有关。世界社会主义发展史上,不少国家没能解决好法治和人治的问题,没能跳出"人存政举,人亡政息"的人治怪圈。从我们自己来说,新中国成立以来既吃过破坏法治的苦头,也尝到了法治昌明的甜头。历史深刻启示我们,法治是治国理政的基本方式。在我们这样一个13亿多人口、56个民族的大国,要保证国家统一、法制统一、政令统一、市场统一,实现经济发展、政治清明、文化昌盛、社会公正、生态良好,必须秉持法律这个准绳、用好法治这个方式。

全面依法治国是现实的迫切要求。当前,中国正处于社会主义初级阶段,全面建成小康社会进入决定性阶段,改革进入攻坚期和深水区,国际形势复杂多变,我们党面对的改革发展稳定任务之重前所未有,矛盾风险挑战之多前所未有,依法治国在党和国家工作全局中的地位更加突出、作用更加重大。面对新形势新任务,我们党要更好统筹国内国际两个大局,更好维护和运用我国发展的重要战略机遇期,更好统筹社会力量、平衡社会利益、调节社会关系、规范社会行为,使我国社会在深刻变革中既生机勃勃又井然有序,实现经济社会协调发展,实现我国和平发展的战略目标,必须更好发挥法治的引领和规范作用。

全面依法治国是长远的战略谋划。我们党和国家的近期目标是到2020年建党一百年实现全面建成小康社会,只要国际国内不发生大的波折,经过努力,这一目标应该可以如期实现。但"不谋万世者,不足谋一时","第一个一百年"奋斗目标实现后,我们还要向着"第二个一百年"奋斗目标前行,还会遇到各种可以预料和难以预料的风险挑战,还将应对可能更为复杂的局面和问题。之后的路该怎么走?如何跳出"历史周期律",实现长期执政?如何实现党和国家长治久安?只有靠法治,才能为党和国家事业发展提供根本性、全局性、长期性的制度保障。我们党提出全面推进依法治国,坚定不移厉行法治,一个重要意图就是为民族复兴筹、为子孙后代计、为长远发展谋。[①]

正因为如此,党的十八届四中全会强调,依法治国是坚持和发展中国特色社会主义的本质要求和重要保障,是实现国家治理体系和治理能力现代化的必然要求,事关我们党执政兴国、事关人民幸福安康、事关党和国家长治久安。全面推进依法治国这一战略具有重大的现实意义和深远的历史意义。

(三)全面依法治国的指导思想、总目标和基本原则

全面推进依法治国,必须贯彻落实党的十八大和十八届三中全会精神,高举中国特色社会主义伟大旗帜,以马克思列宁主义、毛泽东思想、邓小平理论、"三个代表"重要思想、科学发展观、习近平新时代中国特色社会主义思想为指导,坚持党的领导、人民当家作主、依法治国有机统一,坚定不移走中国特色社会主义法治道路,坚决维护宪法法律权威,依法维护人民权益、维护社会公平正义、维护国家安全稳定,为实现"两个一百年"奋斗目标、实现中华民族伟大复兴的中国梦提供有力法治保障。

全面依法治国总目标是建设中国特色社会主义法治体系,建设社会主义法治国家。这就是,在中国共产党领导下,坚持中国特色社会主义制度,贯彻

[①] 中共中央宣传部理论局:《法治热点面对面》,北京:学习出版社、人民出版社,2015年,第5页。

中国特色社会主义法治理论,形成完备的法律规范体系、高效的法治实施体系、严密的法治监督体系、有力的法治保障体系,形成完善的党内法规体系,坚持依法治国、依法执政、依法行政共同推进,坚持法治国家、法治政府、法治社会一体建设,实现科学立法、严格执法、公正司法、全民守法,促进国家治理体系和治理能力现代化。[1]

实现这个总目标,必须坚持以下原则。

第一,坚持中国共产党的领导。党的领导是中国特色社会主义最本质的特征,是社会主义法治最根本的保证。把党的领导贯彻到依法治国全过程和各方面,是我国社会主义法治建设的一条基本经验。我国宪法确立了中国共产党的领导地位。坚持党的领导,是社会主义法治的根本要求,是党和国家的根本所在、命脉所在,是全国各族人民的利益所系、幸福所系,是全面推进依法治国的题中应有之义。党的领导和社会主义法治是一致的,社会主义法治必须坚持党的领导,党的领导必须依靠社会主义法治。只有在党的领导下依法治国、厉行法治,人民当家作主才能充分实现,国家和社会生活法治化才能有序推进。依法执政,既要求党依据宪法法律治国理政,也要求党依据党内法规管党治党。必须坚持党领导立法、保证执法、支持司法、带头守法,把依法治国基本方略同依法执政基本方式统一起来,把党总揽全局、协调各方同人大、政府、政协、审判机关、检察机关依法依章程履行职能、开展工作统一起来,把党领导人民制定和实施宪法法律同党坚持在宪法法律范围内活动统一起来,善于使党的主张通过法定程序成为国家意志,善于使党组织推荐的人选通过法定程序成为国家政权机关的领导人员,善于通过国家政权机关实施党对国家和社会的领导,善于运用民主集中制原则维护中央权威、维护全党全国团结统一。

第二,坚持人民在全面依法治国中的主体地位。人民是依法治国的主体和力量源泉,人民代表大会制度是保证人民当家作主的根本政治制度。必须坚持法治建设为了人民、依靠人民、造福人民、保护人民,以保障人民根本权益为出发点和落脚点,保证人民依法享有广泛的权利和自由、承担应尽的义务,

---

[1] 中国共产党第十八届中央委员会第四次全体会议:《中共中央关于全面推进依法治国若干重大问题的决定》,北京:人民出版社,2014年,第4页。

维护社会公平正义,促进共同富裕。必须保证人民在党的领导下,依照法律规定,通过各种途径和形式管理国家事务,管理经济文化事业,管理社会事务。必须使人民认识到法律既是保障自身权利的有力武器,也是必须遵守的行为规范,增强全社会学法尊法守法用法意识,使法律为人民所掌握、所遵守、所运用。

第三,坚持法律面前人人平等。平等是社会主义法律的基本属性。任何组织和个人都必须尊重宪法法律权威,都必须在宪法法律范围内活动,都必须依照宪法法律行使权力或权利、履行职责或义务,都不得有超越宪法法律的特权。必须维护国家法制统一、尊严、权威,切实保证宪法法律有效实施,绝不允许任何人以任何借口任何形式以言代法、以权压法、徇私枉法。必须以规范和约束公权力为重点,加大监督力度,做到有权必有责、用权受监督、违法必追究,坚决纠正有法不依、执法不严、违法不究行为。

第四,坚持依法治国和以德治国相结合。习近平同志在主持中央政治局第三十七次集体学习时指出:"法律是成文的道德,道德是内心的法律。法律和道德都具有规范社会行为、调节社会关系、维护社会秩序的作用,在国家治理中都有其地位和功能。法安天下,德润人心。法律有效实施有赖于道德支持,道德践行也离不开法律约束。法治和德治不可分离、不可偏废,国家治理需要法律和道德协同发力。"①法治与德治是辩证统一的关系。坚持依法治国和以德治国相结合,一方面要加强法治宣传教育,引导全社会树立法治意识,使人们发自内心信仰和崇敬宪法法律,坚持把全民普法和全民守法作为依法治国的基础性工作,使全体人民成为社会主义法治的忠实崇尚者、自觉遵守者、坚定捍卫者。另一方面要重视发挥道德的教化作用,提高全社会文明程度,为全面依法治国创造良好人文环境。要在道德体系中体现法治要求,发挥道德对法治的滋养作用,努力使道德体系同社会主义法律规范相衔接、相协调、相促进。要在道德教育中突出法治内涵,注重培育人们的法律信仰、法治观念、规则意识,引导人们自觉履行法定义务、社会责任、家庭责任,营造全社

---

① 中国共产党第十八届中央委员会第四次全体会议:《中共中央关于全面推进依法治国若干重大问题的决定》,北京:人民出版社,2014年,第4页。

会都讲法治、守法治的文化环境。①

人们只有在道德认知与道德情感的共同作用下,才能建立和强化法治观念。法治信念是对法治所蕴含的价值观高度认同的心理机制,它能激发人们以法治观念指导和规范行为。法律和道德,一个是硬约束、一个是软约束,一个是他律、一个是自律,仅仅依靠强力推行的外在制约会削弱人的自觉性。道德则将外在的法律规范转化为内在的自我约束,促使人们主动认识自己的责任和义务,自愿选择有道德的行为。一个人的道德觉悟提升了,就会自觉尊法学法守法用法;全社会的道德水准提升了,法治建设才会有坚实的基础。②

第五,坚持从中国实际出发。中国特色社会主义道路、理论体系、制度是全面推进依法治国的根本遵循。全面依法治国必须从我国基本国情出发,同推进国家治理体系和治理能力现代化相适应,总结和运用党领导人民实行法治的成功经验,围绕社会主义法治建设重大理论和实践问题,既不能罔顾国情、超越阶段,也不能因循守旧、墨守成规,而要推进法治理论创新,发展符合中国实际、突出中国特色、实践特色、时代特色的社会主义法治理论,为依法治国提供理论指导和学理支撑。同时,要学习借鉴世界上优秀的法治文明成果,但必须坚持以我为主、为我所用,认真鉴别、合理吸收,不能搞"全盘西化",不能搞"全面移植",不能照搬照抄。

全面推进依法治国是一个系统工程,是国家治理领域一场广泛而深刻的革命,需要付出长期艰苦努力。全党同志必须更加自觉地坚持依法治国、更加扎实地推进依法治国,努力实现国家各项工作法治化,向着建设法治中国不断前进。③

(四)全面推进依法治国的战略重点

全面依法治国,总目标是建设中国特色社会主义法治体系,建设社会主义法治国家。习近平强调,这个总目标"既明确了全面推进依法治国的性质和方

---

① 习近平:《坚持依法治国与以德治国相结合 推进国家治理体系和国家治理能力现代化》,载《人民日报》,2016年12月11日,第1版。
② 戴木才:《人民要论:坚持依法治国与以德治国相结合》,载《人民日报》,2017年2月14日,第7版。
③ 中国共产党第十八届中央委员会第四次全体会议:《中共中央关于全面推进依法治国若干重大问题的决定》,北京:人民出版社,2014年,第5页。

向,又突出了全面推进依法治国的工作重点和总抓手,对全面推进依法治国具有纲举目张的意义"①。全面依法治国必须坚持厉行法治,推进科学立法、严格执法、公正司法、全民守法,推进中国特色社会主义法治体系建设,全面深化依法治国实践。

1. 完善以宪法为核心的中国特色社会主义法律体系,加强宪法实施

法律是治国之重器,良法是善治之前提。建设中国特色社会主义法治体系,必须坚持立法先行,发挥立法的引领和推动作用,抓住提高立法质量这个关键。要恪守以民为本、立法为民理念,贯彻社会主义核心价值观,使每一项立法都符合宪法精神、反映人民意志、得到人民拥护。要把公正、公平、公开原则贯穿立法全过程,完善立法体制机制,坚持立改废释并举,增强法律法规的及时性、系统性、针对性、有效性。具体措施:健全宪法实施和监督制度、完善立法体制、深入推进科学立法和民主立法、加强重点领域立法。

2. 深入推进依法行政,加快建设法治政府

法律的生命力在于实施,法律的权威也在于实施。各级政府必须坚持在党的领导下、在法治轨道上开展工作,创新执法体制,完善执法程序,推进综合执法,严格执法责任,建立权责统一、权威高效的依法行政体制,加快建设职能科学、权责法定、执法严明、公开公正、廉洁高效、守法诚信的法治政府。具体措施:依法全面履行政府职能、健全依法决策机制、深化行政执法体制改革、坚持严格规范公正文明执法、强化对行政权力的制约和监督、全面推进政务公开。

3. 保证公正司法,提高司法公信力

公正是法治的生命线。司法公正对社会公正具有重要引领作用,司法不公对社会公正具有致命破坏作用。必须完善司法管理体制和司法权力运行机制,规范司法行为,加强对司法活动的监督,努力让人民群众在每一个司法案件中感受到公平正义。具体措施:完善确保依法独立公正行使审判权和检察权的制度、优化司法职权配置、推进严格司法、保障人民群众参与司法、加强人权司法保障、加强对司法活动的监督。

---

① 《习近平关于全面依法治国论述摘编》,北京:中央文献出版社,2015年,第33页。

4. 增强全民法治观念,推进法治社会建设

法律的权威源自人民的内心拥护和真诚信仰。人民权益要靠法律保障,法律权威要靠人民维护。必须弘扬社会主义法治精神,建设社会主义法治文化,增强全社会厉行法治的积极性和主动性,形成守法光荣、违法可耻的社会氛围,使全体人民都成为社会主义法治的忠实崇尚者、自觉遵守者、坚定捍卫者。具体措施:推动全社会树立法治意识、推进多层次多领域依法治理、建设完备的法律服务体系、健全依法维权和化解纠纷机制。

5. 加强法治工作队伍建设

全面推进依法治国,必须大力提高法治工作队伍思想政治素质、业务工作能力、职业道德水准,着力建设一支忠于党、忠于国家、忠于人民、忠于法律的社会主义法治工作队伍,为加快建设社会主义法治国家提供强有力的组织和人才保障。具体措施:建设高素质法治专门队伍、加强法律服务队伍建设、创新法治人才培养机制。

6. 加强和改进党对全面推进依法治国的领导

党的领导是全面推进依法治国、加快建设社会主义法治国家最根本的保证。必须加强和改进党对法治工作的领导,把党的领导贯彻到全面推进依法治国全过程。具体措施:坚持依法执政、加强党内法规制度建设、提高党员干部法治思维和依法办事能力、推进基层治理法治化、深入推进依法治军从严治军、依法保障"一国两制"实践和推进祖国统一。

7. 加强涉外法律工作

具体措施:适应对外开放不断深化,完善涉外法律法规体系,促进构建开放型经济新体制。积极参与国际规则制定,推动依法处理涉外经济、社会事务,增强我国在国际法律事务中的话语权和影响力,运用法律手段维护我国主权、安全、发展利益。强化涉外法律服务,维护我国公民、法人在海外及外国公民、法人在我国的正当权益,依法维护海外侨胞权益。深化司法领域国际合作,完善我国司法协助体制,扩大国际司法协助覆盖面。加强反腐败国际合作,加大海外追赃追逃、遣返引渡力度。积极参与执法安全国际合作,共同打击暴力恐怖势力、民族分裂势力、宗教极端势力和贩毒走私、跨国有组织犯罪。

三、积极稳妥地推进政治体制改革

政治体制改革是政治体制自我完善的基本形式。一种政治体制的进步主要有两种路径，轰轰烈烈的革命路径和自我改革的路径。政治体制改革是一个国家在管理国家事务的运行机制过程中实现对自身体制的改革，包括领导制度、组织制度、工作制度等具体制度的改革。

1949年新中国成立，1956年社会主义制度基本确立，在一定意义上标志着社会主义政治体制的格局基本形成。作为一种新的政治体制，极大地调动人民的积极性和主动性，推动社会生产力的发展，为国家百业待兴，为人民福祉起到制度引导和调节功能，发挥巨大作用。

但是，随着生产力的发展，尤其是在特定历史时期的政治运动、政治革命使得政治体制滞后于生产力发展，阻碍群众的思想，束缚群众的观念。党的十一届三中全会，重心从"以阶级为纲"转移到"以经济建设为中心"的轨道上来，标志着政治体制改革拉开序幕，彰显推动政治体制改革的巨大勇气和智慧，即认识社会主义不局限于政治制度，还要深入到影响政治制度的生产力因素，在当前主要是解放生产力，发展生产力，以经济建设为中心，不断提高人民的生活水平等。这是一种大的政治体制改革。为此，邓小平指出："我们要在大幅度提高社会生产力的同时，改革和完善社会主义的经济制度和政治制度，发展高度的社会主义民主和完备的社会主义法制。"[1]就推动政治体制改革方面，邓小平较早以敏锐的眼光意识到这个问题，社会主义要不断向前发展，必须要不断推动政治体制改革，使政治制度与经济制度相适应。

（一）政治体制改革的内涵

政治体制改革，其核心是要解决党和国家政治生活、国家治理、社会民主进程中遇到不适应生产力发展需要的各种束缚。邓小平就政治体制改革，提出三点要求：第一，巩固社会主义制度；第二，发展社会主义社会生产力；第三，发扬社会主义民主，调动广大人民的积极性。这三点对把握政治体制改革

---

[1] 《邓小平文选》第2卷，北京：人民出版社，1993年，第208页。

的内涵具有重要指引作用。

关于政治体制改革的内涵,政治体制是政治制度的具体体现和表现形式,政治体制改革,主要是围绕政治制度建设中的具体行为和运行机制进行改革,包括党政机构改革、党和国家领导制度的改革、社会主义民主政治改革、行政管理体制和机构改革等。中央文件《中共中央关于全面深化改革若干重大问题的决定》进一步提出全面深化改革,其中就政治体制改革提出更加明确的要求。

其一,推动党政机构改革。党政机构改革的政治体制改革的重要内容。党的十一届三中全会以来,党中央就开始关注并着手解决党政机构的改革问题。在废除领导干部职务终身制、干部队伍年轻化、精简政府机构、实施大部制改革、转变职能、简政放权等方面大刀阔斧地进行改革,取得很大成就,不断完善党政机构的设置和相关配备等。党的十四届二中全会指出:"党政机构改革,是政治体制改革和社会主义政治建设的重要内容,也是深化经济体制改革、加快社会主义现代化建设步伐的重要条件,必须抓紧进行。"①党的十七大报告进一步指出"要加大机构整合力度,探索实行职能有机统一的大部门体制,健全部门间协调配合机制"。报告还提出"抓紧制定行政管理体制改革总体方案"②。

其二,推动党和国家领导制度的改革。党和国家领导制度改革关乎党的领导和人民当家作主的根本。"文化大革命"结束之后,以邓小平为代表的党的理论家、革命家开始思考党和国家的领导制度问题。1980年8月,邓小平在《党和国家领导制度的改革》指出:"为了适应社会主义现代化建设的需要,为了适应党和国家政治生活民主化的需要,为了兴利除弊,党和国家的领导制度以及其他制度,需要改革的很多。"③邓小平反复强调要建立科学的党和国家领导人的退休制度,并为此身体力行,在健康的时候退下来,在党内起到很好的

---

① 《中国共产党第十四届中央委员会第二次全体会议公报》,载《中国共产党历次全国代表大会数据库》,中国共产党新闻网,http://cpc.people.com.cn/GB/64162/64168/64567/65394/4441742.html。
② 胡锦涛:《党的十七大报告:高举中国特色社会主义伟大旗帜 为夺取全面建设小康社会新胜利而奋斗》,载《求是》,2007年第21期。
③ 《邓小平文选》第2卷,北京:人民出版社,1993年,第322页。

表率作用。党的十八届三中全会指出："紧紧围绕提高科学执政、民主执政、依法执政水平深化党的建设制度改革,加强民主集中制建设,完善党的领导体制和执政方式,保持党的先进性和纯洁性,为改革开放和社会主义现代化建设提供坚强政治保证。"① 为此,党和国家逐渐形成政治体制改革的共识,明确在经济社会发展过程中不断推动政治体制改革,改革开放以来中国的政治体制改革始终伴随着经济社会发展而不断自我改革和完善。

其三,推进社会主义民主法治建设。社会主义民主法治建设是政治体制改革的核心。中央高度重视社会主义民主法治建设,并在多次党中央大会报告、公报上提出要加强社会主义民主法治建设,扩大社会主义民主。党的十三大报告指出："政治体制改革的主题是建设社会主义民主政治,其最终目的是为了在党的领导下和社会主义制度下更好地发展社会生产力,充分发挥社会主义制度优越性。中国政治体制改革的长期目标是建立高度民主、法制完备、富有效率、充满活力的社会主义政治体制。"② 党的十四大报告指出："政治体制改革的目标,是以完善人民代表大会制度、共产党领导的多党合作和政治协商制度为主要内容,发展社会主义民主政治。"③ 党的十四届三中全会指出："积极推进政治体制改革,加强社会主义民主政治和法制建设。坚持两手抓、两手都要硬的方针,加强社会主义精神文明建设。深入开展反腐败斗争,切实抓好廉政建设。加强社会治安综合治理。巩固和发展安定团结的政治局面。"④ 党的十四届五中全会进一步指出："要加强社会主义民主和法制建设,积极推进政治体制改革。"⑤ 党的十五大、十六大、十七大、十八大等中央重要大会上反复强调要推动社会主义民主政治建设,建设社会主义法治国家。党的十五大报告

---

① 习近平:《十八届三中全会报告:中共中央关于全面深化改革若干重大问题的决定》,载《人民日报》,2013 年 11 月 13 日,第 1 版。
② 《中国共产党第十三次全国代表大会上的报告》,载《中国共产党历次全国代表大会数据库》,中国共产党新闻网,http://cpc.people.com.cn/GB/64162/64168/64566/65383/4441834.html。
③ 《中国共产党第十四次全国代表大会上的报告》,载《中国共产党历次全国代表大会数据库》,中国共产党新闻网,http://cpc.people.com.cn/GB/64162/64168/64567/65393/4441737.html。
④ 《中国共产党第十四届中央委员会第三次全体会议公报》,载《中国共产党历次全国代表大会数据库》中国共产党新闻网,http://cpc.people.com.cn/GB/64162/64168/64567/65395/4441750.html。
⑤ 《中国共产党第十四届中央委员会第五次全体会议公报》,载《中国共产党历次全国代表大会数据库》,中国共产党新闻网,http://cpc.people.com.cn/GB/64162/64168/64567/65397/4441773.html。

指出:"我国经济体制改革的深入和社会主义现代化建设跨越世纪的发展,要求我们在坚持四项基本原则的前提下,继续推进政治体制改革,进一步扩大社会主义民主,健全社会主义法制,依法治国,建设社会主义法治国家。"①党的十六大报告指出:"推进政治体制改革,发展民主,健全法制,依法治国,建设社会主义法治国家,保证人民行使当家作主的权利。""发展社会主义民主政治,建设社会主义政治文明,是全面建设小康社会的重要目标。必须在坚持四项基本原则的前提下,继续积极稳妥地推进政治体制改革,扩大社会主义民主,健全社会主义法制,建设社会主义法治国家,巩固和发展民主团结、生动活泼、安定和谐的政治局面。"②党的十八届三中全会指出:"紧紧围绕坚持党的领导、人民当家作主、依法治国有机统一深化政治体制改革,加快推进社会主义民主政治制度化、规范化、程序化,建设社会主义法治国家,发展更加广泛、更加充分、更加健全的人民民主。"③从以上中央文件报告论述可知,推动政治体制改革,是国家政治生活的重中之重,是实现中华民族伟大复兴的重要路径。然而,为什么要推动政治体制改革,党中央在不同的历史时期有着不同的论述和认识。

(二) 政治体制改革的必要性

推动政治体制改革有两种基本思路:主动改革、被动改革。党的十一届三中全会以来推动的政治体制改革,主要是在反思过去错误基础上进行的改革,是一种不得不改的改革,因而可以视之为"被动改革",这种政治体制改革是形势所迫、大势所趋的一种改革。即不搞政治体制改革就没有出路,也就会葬送社会主义,是基于这样的背景下进行的政治体制改革。而与之相反,则是主动改革,表征在党的领导过程中如何不断改善党的领导,提高党的执政能力和水平,在世界多元国际局势中能够处于主动地位,推动中华民族走向复兴的宏伟蓝图,这种改革是主动的、积极的改革。诚然,不能说"被动改革"中的政

---

① 《中国共产党第十五次全国代表大会上的报告》,载《中国共产党历次全国代表大会数据库》,中国共产党新闻网,http://cpc.people.com.cn/GB/64162/64168/64568/65400/4429281.html。
② 《中国共产党第十六次全国代表大会上的报告》,载《中国共产党历次全国代表大会数据库》,中国共产党新闻网,http://cpc.people.com.cn/GB/64162/64168/64569/65444/4429119.html。
③ 习近平:《十八届三中全会报告:中共中央关于全面深化改革若干重大问题的决定》,载《人民日报》,2013年11月13日,第1版。

治体制改革就是消极的、被动的、缺乏主动性的改革。这里的区分只是相对的,从整体性的角度来考量的。为此,为什么要推动政治体制改革,从中央文件表述大概可以归纳为以下几点:

第一,推动政治体制改革是实现中国社会主义现代化的必然要求。新中国成立以来,如何探索社会主义道路建设,推动社会主义在东方社会的快速发展,中央提出了现代化的战略目标。1964年12月,在第三届人大一次会议上,周恩来总理在政府工作报告中第一次正式提出要建设"四个现代化",即实现工业现代化、农业现代化、国防现代化、科学技术现代化。为此,中央文件多次就政治体制改革的重大意义做出阐释,党的十三大报告指出:"改革是振兴中国的唯一出路,是人心所向,大势所趋,不可逆转。我们要总结经验,坚持和发展十一届三中全会以来的路线,进一步确定今后经济建设、经济体制改革和政治体制改革的基本方针,确定在改革开放中加强党的建设的基本方针。正确解决这个任务,将有力地促进全党团结和党与各族人民的团结,保证我们沿着有中国特色的社会主义道路继续前进。"①十三大把推动政治体制改革作为推动"中国特色的社会主义道路继续前进"的重要保证。紧接着,党的十四大明确指出:"十四年来,我们从事的事业,就是坚持党的基本路线,通过改革开放,解放和发展生产力,建设有中国特色的社会主义。就其引起社会变革的广度和深度来说,是开始了一场新的革命。它的实质和目标,是要从根本上改变束缚我国生产力发展的经济体制,建立充满生机和活力的社会主义新经济体制,同时相应地改革政治体制和其他方面的体制,以实现中国的社会主义现代化。"②从而明确政治体制改革与其他改革一道,是实现中国的社会主义现代化的重要保证。事实上,没有政治体制改革,其他领域的改革也就难以推进,也就难以实现社会主义现代化的宏伟目标。

第二,推动政治体制改革是建设社会主义法治国家的必然要求。要实现社会主义现代化的宏伟目标,必须要建设社会主义法治国家,全面推进依法治

---

① 《中国共产党第十三次全国代表大会上的报告》,载《中国共产党历次全国代表大会数据库》,中国共产党新闻网,http://cpc.people.com.cn/GB/64162/64168/64566/65383/4441834.html。
② 《中国共产党第十四次全国代表大会上的报告》,载《中国共产党历次全国代表大会数据库》,中国共产党新闻网,http://cpc.people.com.cn/GB/64162/64168/64567/65393/4441737.html。

国。法律是治国之重器,党的十五大提出要坚持依法治国,建设社会主义法治国家,从而依法治国成为政治体制改革的必然要求。党的十五大报告指出:"我国经济体制改革的深入和社会主义现代化建设跨越世纪的发展,要求我们在坚持四项基本原则的前提下,继续推进政治体制改革,进一步扩大社会主义民主,健全社会主义法制,依法治国,建设社会主义法治国家。"[1]尔后,在十五届五中全会进一步指出:"要适应经济体制改革和现代化建设的要求,继续推进政治体制改革,加强民主法制建设。"十六届五中全会报告强调:"要贯彻依法治国的基本方略,加强社会主义民主政治建设,积极稳妥地继续推进政治体制改革。"党的十七大进一步阐释民主法治建设与经济社会发展不相适应,必须要推动政治体制改革,从而把政治体制改革作为推动社会主义民主法治的突破口。党的十七大报告:"社会主义民主政治不断发展、依法治国基本方略扎实贯彻,同时民主法制建设与扩大人民民主和经济社会发展的要求还不完全适应,政治体制改革需要继续深化。"[2]

党的十八大以来,推动依法治国进入新征程,积极推动全面依法治国。党的十八届四中全会通过的《关于全面推进依法治国若干重大问题的决定》指出:"全面推进依法治国,总目标是建设中国特色社会主义法治体系,建设社会主义法治国家。这就是,在中国共产党领导下,坚持中国特色社会主义制度,贯彻中国特色社会主义法治理论,形成完备的法律规范体系、高效的法治实施体系、严密的法治监督体系、有力的法治保障体系,形成完善的党内法规体系,坚持依法治国、依法执政、依法行政共同推进,坚持法治国家、法治政府、法治社会一体建设。"[3]从而把政治体制改革作为推动全面依法治国的重要政治前提和基础。因此,只有不断推动政治体制改革,才能更好地推动全面依法治国。

第三,推动政治体制改革是社会主义政治制度自我完善和发展的必然要

---

[1] 《中国共产党第十五次全国代表大会上的报告》,载《中国共产党历次全国代表大会数据库》,中国共产党新闻网,http://cpc.people.com.cn/GB/64162/64168/64568/65400/4429281.html。
[2] 《中国共产党第十五次全国代表大会上的报告》,载《中国共产党历次全国代表大会数据库》,中国共产党新闻网,http://cpc.people.com.cn/GB/64162/64168/64568/65400/4429281.html。
[3] 习近平:《十八届四中全会报告:关于全面推进依法治国若干重大问题的决定》,载《人民日报》,2014年10月24日,第1版。

求。政治体制改革,核心是社会主义政治制度问题。推动政治体制改革是社会主义政治制度自我完善的根本出路。党的十六大报告:"政治体制改革是社会主义政治制度的自我完善和发展。推进政治体制改革要有利于增强党和国家的活力,发挥社会主义制度的特点和优势,充分调动人民群众的积极性创造性,维护国家统一、民族团结和社会稳定,促进经济发展和社会全面进步。"[1]十七届二中全会报告进一步指出:"政治体制改革是社会主义政治制度自我完善和发展,必须深化政治体制改革。"[2]因此,要使社会主义不断向前发展,必须要推动政治体制改革,推动社会主义政治制度自我完善,不断与时俱进、开拓创新,才是必由之路。

(三)政治体制改革的主要成就

推动社会主义政治制度的自我完善和发展是提升党的执政能力、增强执政本领的重要路径,改革开放以来,党中央就高度重视政治体制改革问题,进行大刀阔斧的改革,经过四十多年的努力,我国政治体制改革取得很大成就,著名政治学专家王邦佐认为,中国政治体制改革的成就反映和代表了我国政治发展的方向。

其一,在政治权力的宏观运作中,宪法的权威性获得了提高,政治权力特别是中央政府权力运作的制度化程度有了相当的发展。这是中国政治发展最具实质的一个特征。宪法的权威性的发展还具体表现为:在制度上,宪法已将所有社会主体的行为包括政党的行为纳入了法律的范围,这确是政治权力宏观制度的一次巨大的变革;在宪法制度的运行中,宪法所确定的根本政治制度——人民代表大会制度的规范化和程序化水平有了很大程度的提高。其二,在政治权力的微观运行中,尽管权力的行使还存在着许多的越轨现象,但政治体制中的规范化因素正在增长。在当今的现实中,我们可清楚地看到:人大的监督功能在渐渐得到强化;传媒的公共问责功能也在加强;行政法治不仅在价值层面获得了提升,而且在体制上也有了较充分的体现。比如行政诉

---

[1] 《中国共产党第十六次全国代表大会上的报告》,载《中国共产党历次全国代表大会数据库》,中国共产党新闻网,http://cpc.people.com.cn/GB/64162/64168/64569/65444/4429119.html。

[2] 《中共第十七届中央委员会第二次全体会议公报》,载《中国共产党历次全国代表大会数据库》,中国共产党新闻网,http://cpc.people.com.cn/GB/64162/64168/106155/116856/6938299.html。

讼的发展；《立法法》的实施在规范立法权的同时，也对中央与地方的立法权限作了法律上的区分；等等。虽然对这些规范化的因素在现实中的作用不可夸大，但必须看到它们是中国政治史上从未有过的事情。其三，个人权利和自由的发展是体现政治进步最明显的方面，也是近些年来中国政治体制改革成果最为直接的表现。对比改革开放前后人们个人权利和自由的状况，应该说确保中国的社会稳定、经济发展和人民生活水平的提高，乃是不断改善人权状况的基本条件和重要内容。[1]

这些改革成果丰富和发展中国特色社会主义政治理论，丰富和发展党的领导、人民当家作主和依法治国高度统一的执政实践经验。

党的十八大以来，全面深化改革让当今中国的政治体制进入制度化、规范化、程序化的历史新阶段！

第一，社会主义民主政治和精神文明建设成效显著。党的十六大报告指出："社会主义民主政治和精神文明建设成效显著。民主法治建设继续推进，政治体制改革迈出新步伐。爱国统一战线发展壮大，民族、宗教和侨务工作取得新进展。社会治安综合治理取得新成效。科技、教育、文化、卫生、体育和计划生育等事业全面进步。宣传舆论工作和思想道德建设不断加强，群众精神文化生活日益丰富。"[2]党的十七大报告指出民主法治建设取得新进步："人民代表大会制度、中国共产党领导的多党合作和政治协商制度、民族区域自治制度不断完善，基层民主活力增强。人权事业健康发展。爱国统一战线发展壮大。"[3]党的十八大进一步指出："社会主义民主政治建设取得重大进展，成功开辟和坚持了中国特色社会主义政治发展道路，为实现最广泛的人民民主确立了正确方向。"[4]

第二，社会主义法治建设取得很大成就。改革开放以来社会主义法治逐渐进入正常轨道，法治理念和法治意识日益深入人心，依法守法的观念日益深

---

[1] 王邦佐：《中国政治体制改革的成就和发展路径》，载《政治学研究》，2003年第2期。
[2] 《中国共产党第十六次全国代表大会上的报告》，载《中国共产党历次全国代表大会数据库》，中国共产党新闻网，http：//cpc.people.com.cn/GB/64162/64168/64569/65444/4429119.html。
[3] 胡锦涛：《党的十七大报告：高举中国特色社会主义伟大旗帜　为夺取全面建设小康社会新胜利而奋斗》，载《求是》，2007年第21期。
[4] 胡锦涛：《党的十八大报告：坚定不移沿着中国特色社会主义道路前进　为全面建成小康社会而奋斗》，载《人民日报》，2012年11月9日，第3版。

入人心，社会主义法律体系和社会主义法治体系基本确立，依法治国逐渐成为国家治理的重要依据。"社会主义民主政治不断发展、依法治国基本方略扎实贯彻，同时民主法制建设与扩大人民民主和经济社会发展的要求还不完全适应，政治体制改革需要继续深化。"①党的十七大报告进一步指出："中国特色社会主义法律体系基本形成，依法治国基本方略切实贯彻。行政管理体制、司法体制改革不断深化。"②党的十八大以来，立足完善以宪法为核心的中国特色社会主义法律体系，加强党对立法工作的领导，修改立法法，推进经济、民生、环境保护、司法、国家安全等重点领域立法，健全宪法实施和监督制度，推动立法质量不断提高。2013—2016年，全国人大常委会共制定17部法律，修改95部法律，取得了一批新的重要成果。十二届全国人大三次会议对立法法作出重要修改，进一步明确立法权限，赋予设区的市地方立法权，并出台《关于建立健全全国人大专门委员会、常委会工作机构组织起草重要法律草案制度的实施意见》等重要文件，不断健全法律草案征求代表意见、基层立法联系点等制度。③

第三，行政体制改革取得新进展。改革开放以来，我国的行政体制改革取得很大成就。人民代表大会制度和政治协商制度在创新与实践中，不断与时俱进。加强全口径预决算审查和监督，进一步健全人大讨论、决定重大事项制度，完善全国人大及其常委会宪法监督制度。人民通过人大行使国家权力的制度化保障更加完善。2015年，中共中央颁发《关于加强社会主义协商民主建设的意见》，从顶层设计的高度，系统谋划了协商民主的发展路径。主要包括政党协商、人大协商、政府协商、政协协商、人民团体协商、基层协商、社会组织协商7种协商形式。政党协商在7种协商形式中居于首位。同年，党中央下发了《关于加强政党协商的实施意见》，明确了政党协商的主要内容，明确政党协商有会议协商、约谈协商、书面协商3种形式，进一步提升了政党协商的制

---

① 胡锦涛：《党的十七大报告：高举中国特色社会主义伟大旗帜　为夺取全面建设小康社会新胜利而奋斗》，载《求是》，2007年第21期。
② 胡锦涛：《党的十七大报告：高举中国特色社会主义伟大旗帜　为夺取全面建设小康社会新胜利而奋斗》，载《求是》，2007年第21期。
③ 张裔炯：《坚定不移走中国特色社会主义政治发展道路》，载《人民日报》，2017年9月6日，第8版。

度化、规范化、程序化水平。

废除领导干部终身职务制,树立导向,好干部标准成选人用人"金规铁律"。2014年1月,中共中央印发《党政领导干部选拔任用工作条例》(以下简称《干部任用条例》),鲜明地将好干部标准写进总则第一条,把好干部标准落实在干部工作原则、条件、程序、纪律中,落实在党组织动议酝酿、推荐考察、核查把关、讨论决定中,为着力选拔党和人民需要的好干部、培养造就高素质党政领导干部队伍提供了制度保证,成为新时期规范干部选拔任用工作的基本遵循。《2014—2018年全国党政领导班子建设规划纲要》的制定实施,以坚定理想信念、增强党性观念、保持高尚道德情操为重点,以严肃党内政治生活、从严管理监督干部、持续深入改进作风、严明党的纪律为抓手,全面加强领导班子思想、组织、作风、反腐倡廉和制度建设,为实现"两个一百年"奋斗目标、实现中华民族伟大复兴的中国梦提供了坚强组织保证。[1]

改革传统政治体制中权力制约监督缺陷,形成严密的权力制约监督体制,形成有权必有责、用权必担责、滥权必追责的制度安排。实行权力清单制度和责任清单制度,公开权力运行过程和结果,健全不当用权问责机制,把权力关进制度笼子,让权力在阳光下运行。[2]《关于建立预算审查前听取人大代表和社会各界意见建议的机制的意见》,实施全口径预算监督。进一步规范执法检查、专题询问等监督方式,逐渐探索形成6个环节的"全链条"监督工作流程,进一步增强了人大监督的系统性、针对性和有效性。《中国共产党统一战线工作条例(试行)》规定了10种民主监督形式。2017年中共中央办公厅专门印发《关于加强和改进人民政协民主监督工作的意见》,明确了人民政协民主监督的意义、要求和内容、形式、程序、工作机制等,有力地推进了人民政协民主监督制度化、规范化、程序化。

总的来说,改革开放以来,我们积极稳妥推进政治体制改革,在调整优化政府机构职能,全面提升政府治理能力等一系列的改革取得阶段性成果,彰显了行

---

[1] 张璁:《构筑好干部充分涌现的科学制度——党的十八大以来干部人事制度改革回眸》,载《中国组织人事报》,2017年10月9日,第1版。

[2] 许耀桐:《中国特色政治建设卓有成就——十八大以来政治建设发展的新蓝图新思想新格局新亮点》,人民网,2017年9月18日,http://theory.people.com.cn/n1/2017/0918/c40531-29541826.html。

政体制改革取得的新成就。我国社会主义民主政治展现出更加旺盛的生命力。

（四）深化政治体制改革的总体要求

中国政治体制改革的总体要求是：必须坚持正确的政治方向，以保证人民当家作主为根本，以增强党和国家活力、调动人民积极性为目标，扩大社会主义民主，建设社会主义法治国家，发展社会主义政治文明。①

就政治体制改革的基本立场而言，党的十七大报告指出："要坚持中国特色社会主义政治发展道路，坚持党的领导、人民当家作主、依法治国有机统一，坚持和完善人民代表大会制度、中国共产党领导的多党合作和政治协商制度、民族区域自治制度以及基层群众自治制度，不断推进社会主义政治制度自我完善和发展。"②

就政治体制改革的根本目的而言，必须坚持党的领导，党的十五大报告指出："推进政治体制改革，必须有利于增强党和国家的活力，保持和发挥社会主义制度的特点和优势，维护国家统一、民族团结和社会稳定，充分发挥人民群众的积极性，促进生产力发展和社会进步。"③党的十七大报告指出：深化政治体制改革，必须坚持正确政治方向，以保证人民当家作主为根本，以增强党和国家活力、调动人民积极性为目标，扩大社会主义民主，建设社会主义法治国家，发展社会主义政治文明。④

就政治体制改革的主要原则而言，一是要坚持中国共产党的执政地位；二是坚持国家一切权力属于人民，坚持人民主体性；三是全面实施依法治国，保障公民基本生命安全、根本利益和合法权益；四是坚持社会主义政治制度的优点和优势，推动社会主义民主政治制度化、规范化、程序化，为国家长治久安提供政治和法律制度保障。⑤

---

① 本书编写组：《中国特色社会主义理论与实践研究》，北京：高等教育出版社，2013年，第48页。

② 胡锦涛：《党的十七大报告：高举中国特色社会主义伟大旗帜　为夺取全面建设小康社会新胜利而奋斗》，载《求是》，2007年第21期。

③ 《中国共产党第十六次全国代表大会上的报告》，载《中国共产党历次全国代表大会数据库》，中国共产党新闻网。http://cpc.people.com.cn/GB/64162/64168/64568/65400/4429281.html。

④ 胡锦涛：《党的十七大报告：高举中国特色社会主义伟大旗帜　为夺取全面建设小康社会新胜利而奋斗》，载《求是》，2007年第21期。

⑤ 本书编写组：《中国特色社会主义理论与实践研究》，北京：高等教育出版社，2013年，第49页。

总之,党的十八大报告:政治体制改革是我国全面改革的重要组成部分。必须继续积极稳妥推进政治体制改革,发展更加广泛、更加充分、更加健全的人民民主。必须坚持党的领导、人民当家作主、依法治国有机统一,以保证人民当家作主为根本,以增强党和国家活力、调动人民积极性为目标,扩大社会主义民主,加快建设社会主义法治国家,发展社会主义政治文明。要更加注重改进党的领导方式和执政方式,保证党领导人民有效治理国家;更加注重健全民主制度、丰富民主形式,保证人民依法实行民主选举、民主决策、民主管理、民主监督;更加注重发挥法治在国家治理和社会管理中的重要作用,维护国家法制统一、尊严、权威,保证人民依法享有广泛权利和自由。要把制度建设摆在突出位置,充分发挥我国社会主义政治制度优越性,积极借鉴人类政治文明有益成果,绝不照搬西方政治制度模式。①

(五)深化政治体制改革的主要任务

深化政治体制改革是全面深化改革的重要内容之一,不同的历史时期,深化政治体制改革的主要任务有一定的差异性。党的十五大报告认为,政治体制改革的主要任务有几点:健全民主制度、加强法制建设、推进机构改革、完善民主监督制度、维护安定团结。②

党的十八大报告指出,推进政治建设和政治体制改革要抓好以下重要任务:一是要支持和保证人民通过人民代表大会行使国家权力。二是要健全社会主义协商民主制度。三是要完善基层民主制度。四是要全面推进依法治国。五是要深化行政体制改革。六是要建立健全权力运行制约和监督体系。七是要巩固和发展最广泛的爱国统一战线。③ 十八大报告提出的政治体制改革任务,为推动社会主义民主法治建设,全面推进依法治国,实现中华民族的伟大复兴等宏伟目标奠定坚实的制度支撑。

党的十八大以来,积极发展社会主义民主政治,民主法治建设迈出重大步

---

① 胡锦涛:《党的十八大报告:坚定不移沿着中国特色社会主义道路前进 为全面建成小康社会而奋斗》,载《人民日报》,2012年11月9日,第3版。
② 《中国共产党第十五次全国代表大会上的报告》,载《中国共产党历次全国代表大会数据库》,中国共产党新闻网,http://cpc.people.com.cn/GB/64162/64168/64568/65400/4429281.html。
③ 胡锦涛:《党的十八大报告:坚定不移沿着中国特色社会主义道路前进 为全面建成小康社会而奋斗》,载《人民日报》,2012年11月9日,第3版。

伐。党的十九大报告指出：要长期坚持、不断发展我国社会主义民主政治，积极稳妥推进政治体制改革，推进社会主义民主政治制度化、规范化、法治化、程序化，保证人民依法通过各种途径和形式管理国家事务，管理经济文化事业，管理社会事务，巩固和发展生动活泼、安定团结的政治局面。①

---

① 习近平：《决胜全面建成小康社会　夺取新时代中国特色社会主义伟大胜利》，载《中国共产党第十九次全国代表大会文件汇编》，北京：人民出版社，2017年，第29页。

重 点 模 块

四、习近平治国理政思想的总体框架

党的十八大以来,以习近平同志为核心的党中央从时代和全局的高度,围绕改革发展稳定、内政外交、治党治国治军,创造性地形成了一系列治国理政新理念新思想新战略,从确立"两个一百年"奋斗目标到"中国梦"的提出,从统筹"五位一体"总体布局到协调推进"四个全面"战略布局,再到牢固树立五大发展理念……这些新理念新思想新战略为在新的历史条件下全面深化改革、加快推进中国特色社会主义现代化建设提供了科学理论指导和行动指南。

(一)实现中华民族伟大复兴的中国梦

在悠悠人类社会发展的历史长河中,中华民族既创造过辉煌的成就,也饱受了外族侵略的悲痛。"只有创造过辉煌的民族,才懂得复兴的意义;只有历经过苦难的民族,才对复兴有如此深切的渴望。"[1]习近平总书记在参观《复兴之路》展览时,回顾了中华民族昨天寻梦的艰难历程,展示中华民族今天追梦进程中的伟大成就,展望中华民族明天的辉煌前程,提出了要实现中华民族伟大复兴的中国梦。中国梦这一重要战略思想的提出,昭示了当代中国共产党人的历史担当和庄严承诺,成为所有中国人的强烈愿望和共同期盼。

实现中华民族伟大复兴的中国梦,内涵丰富,意蕴深远,其中最核心的内

---

[1] 中共中央宣传部:《习近平总书记系列重要讲话读本》,北京:学习出版社、人民出版社,2016年,第6页。

容是国家富强、民族振兴、人民幸福。国家富强,是指我国综合国力进一步增强,中国特色社会主义事业进一步发展和完善。经济更加发达、政治更加民主、文化更加繁荣、社会更加和谐、生态更加美好。民族振兴,就是通过自身的不断发展与强大,继承并创造中华民族的优秀文化以及先进的文明成果,进而使中华民族再次处于世界的领先地位,再次以高昂的姿态屹立于世界民族之林。人民幸福,就是人民权利保障更加充分,共同享有人生出彩的机会,共同享有梦想成真的机会,共同享有同祖国同时代一起成长与进步的机会。中国梦是国家的梦、民族的梦,也是每一个中国人的梦。①

中国梦的最大特点,就是把国家的追求、民族的向往、人民的期盼融为一体。把国家、民族和个人作为一个命运共同体,把国家利益、民族利益和每个人的具体利益紧紧联系在一起,体现了中华民族固有的"家国天下"的情怀。实现中国梦,意味着中国的经济实力和综合国力、国际地位和国际影响力大大提升,意味着中华民族以更加昂扬向上、文明开放的姿态屹立于世界民族之林,意味着中国人民过上更加幸福富裕安康的生活。②

实现中国梦必须坚持中国道路、弘扬中国精神、凝聚中国力量。

实现中国梦必须走中国道路,就是走中国特色社会主义道路。道路关乎国家前途、民族命运、人民幸福。习近平总书记在第十二届全国人民代表大会第一次会议上的讲话中指出:"这条道路来之不易,它是在改革开放 30 多年的伟大实践中走出来的,是在中华人民共和国成立 60 多年的持续探索中走出来的,是在对近代以来 170 多年中华民族发展历程的深刻总结中走出来的,是在对中华民族 5 000 多年悠久文明的传承中走出来的,具有深厚的历史渊源和广泛的现实基础。历史和现实充分证明,无论是封闭僵化的老路,还是改旗易帜的邪路,都是绝路、死路。只有中国特色社会主义道路才能发展中国、富强中国,这是一条通往复兴梦想的康庄大道、人间正道。"③在实现中华民族伟大复

---

① 本书编写组:《毛泽东思想和中国特色社会主义理论体系概论》,北京:高等教育出版社,2015年,第143—144页。
② 中共中央宣传部:《习近平总书记系列重要讲话读本》,北京:学习出版社、人民出版社,2016年,第8页。
③ 中共中央宣传部:《习近平总书记系列重要讲话读本》,北京:学习出版社、人民出版社,2016年,第10—11页。

兴的中国梦中,要增强对中国特色社会主义的道路自信,坚定不移沿着正确的中国道路奋勇前进。

中国梦必须弘扬中国精神。中国精神就是以爱国主义为核心的民族精神、以改革创新为核心的时代精神。爱国主义是中华民族的精神基因,维系着华夏大地上各个民族的团结统一,激励着一代又一代中华儿女为祖国发展繁荣而不懈奋斗;改革创新体现了中华民族最深沉的民族禀赋,反映了当代中国发展进步的要求,始终是鞭策我们在改革开放中与时俱进的精神力量。这种精神是"凝心聚力的兴国之魂、强国之魄"。①

实现中国梦必须凝聚中国力量。凝聚中国力量就是要凝聚全国各族人民大团结的力量。实现中华民族伟大复兴的中国梦是各民族共同的梦,也是各民族自己的梦。各族人民大团结的力量,是克服各种困难、战胜风险挑战的决定性因素。只要我们紧密团结,万众一心,为实现共同梦想而奋斗,实现梦想的力量就无比强大,我们每个人为实现自己梦想的努力就拥有广阔的空间。

实现中国梦必须真抓实干,敢于担当。2012年12月,习近平总书记在广东考察工作时强调:"面向未来,全面建成小康社会要靠实干,基本实现现代化要靠实干,实现中华民族伟大复兴要靠实干。"我们每个人既是梦想家又是实干家,既要胸怀理想又要脚踏实地,②勇于担当、甘于奉献,从我做起,从现在做起,从小事做起,一步一个脚印朝着梦想奋勇前进,我们一定能胜利实现中华民族伟大复兴的中国梦。

(二)协调推进"四个全面"战略布局

党的十八大以来,以习近平总书记为核心的党中央,站在新的历史起点上,立足中国发展实际,总结我国社会发展的实践经验,从坚持和发展中国特色社会主义全局出发,逐步形成并积极推进全面建成小康社会、全面深化改革、全面依法治国、全面从严治党的战略布局。

"四个全面"战略布局并不是凭空产生的,而是基于我国社会发展的现实

---

① 中共中央宣传部:《习近平总书记系列重要讲话读本》,北京:学习出版社、人民出版社,2016年,第11页。
② 中共中央宣传部:《习近平总书记系列重要讲话读本》,北京:学习出版社、人民出版社,2016年,第11页。

需要提出来的。当代中国正处于全面建成小康社会的决胜阶段,中华民族正处于伟大复兴的关键时期,改革开放步入攻坚和深水区,法治国家建设踏上了新征程,从严治党取得重大胜利。国际局势和国内形势总体有利于我国经济社会发展,但也面临跨越"中等收入陷阱"等多种矛盾和风险,还面临着体制机制弊端、结构性矛盾和环境恶化等诸多严峻挑战。正如习近平总书记所说:"时和势总体有利,但艰和险在增多。"① 如何更好地抓住发展机遇、赢得新的发展优势、战胜各种风险挑战,迫切需要我们党从战略层面提出治国理政的大格局大韬略。"四个全面"战略布局,正是党中央适应我国发展新要求,站在时代最前沿进行的战略思考、战略谋划、战略部署。②

"四个全面"战略布局顺应了人民群众的愿望期盼。随着我国迈入中等收入国家行列,人民群众对美好生活的愿景不断提升。人们期盼各项改革全面推进,期盼经济更有活力,生活更有保障,权益得到更好维护,政府更加高效清廉,文化更加繁荣,社会更加和谐,生态更加美好。"四个全面"战略布局,回应了人民群众过上更好生活的新期待,体现了全国各族人民的共同愿望和根本利益。③

"四个全面"战略布局是为解决我国面临的突出矛盾和问题提出来的。当前我国发展中的不平衡、不协调、不可持续发展问题依然突出,城乡区域发展差距和居民收入分配差距依然较大,有法不依、执法不严、违法不究等问题依然存在,党风廉政建设和反腐败斗争形势依然严峻复杂。"四个全面"战略布局,是我们党勇于担当责任、敢于直面矛盾,不断解决问题、化解挑战的新法宝。④

"四个全面"战略布局是一个整体,它既包括战略目标,又包括战略举措。其中,全面建成小康社会是战略目标,全面深化改革、全面依法治国、全面从严治党是战略举措。到2020年全面建成小康社会,是实现中华民族伟大复兴的

---

① 习近平:《在全国政协新年茶话会上的讲话》,载《人民日报》,2015年1月1日,第2版。
② 中共中央宣传部:《习近平总书记系列重要讲话读本》,北京:学习出版社、人民出版社,2016年,第42—43页。
③ 中共中央宣传部:《习近平总书记系列重要讲话读本》,北京:学习出版社、人民出版社,2016年,第43页。
④ 中共中央宣传部:《习近平总书记系列重要讲话读本》,北京:学习出版社、人民出版社,2016年,第44页。

中国梦的"关键一步";全面深化改革是全面建成小康社会的动力源泉,是实现中国梦的"关键一招";全面依法治国是全面深化改革的法治保障和全面建成小康社会的基石;全面深化改革、全面依法治国如鸟之两翼、车之双轮,推动着全面建成小康社会目标的实现;全面从严治党则是全面建成小康社会、全面深化改革、全面依法治国的必然要求和根本保证。①

"四个全面"战略布局是党坚持和发展中国特色社会主义的新实践新成果,是对新的历史条件下党治国理政的科学总结和丰富发展,是新形势下治国理政的总方略,也是实现"两个一百年"奋斗目标、实现中华民族伟大复兴的中国梦的行动纲领。

(三)牢固树立新发展理念

发展理念是发展行动的先导。十八届五中全会强调,实现"十三五"时期发展目标,破解发展难题,厚植发展优势,必须牢固树立并切实贯彻"创新、协调、绿色、开放、共享"的发展理念。新发展理念是改革开放40多年来我国发展经验的集中体现,是我们党对我国发展规律的新认识,也是"十三五"乃至更长时期我国发展思路、发展方向、发展着力点的集中体现。

创新是引领发展的第一动力。"创新是一个民族进步的灵魂,是一个国家兴旺发达的不竭源泉,也是中华民族最鲜明的民族禀赋。"②面对前所未有的复杂的改革环境、承担着实现"两个一百年"中华民族伟大复兴的中国梦的艰巨的发展任务,今天的中国比以往任何时候都更加需要创新驱动。《中共中央关于制定国民经济和社会发展第十三个五年规划的建议》中指出:"必须把创新摆在国家发展全局的核心位置,不断推进理论创新、制度创新、科技创新、文化创新等各方面创新,让创新贯穿党和国家一切工作,让创新在全社会蔚然成风。"③让全社会的创造活力充分释放,让各行各业创新人才竞相涌现,使创新成为经济社会发展的新引擎。

---

① 本书编写组:《毛泽东思想和中国特色社会主义理论体系概论》,北京:高等教育出版社,2015年,第27页。
② 《习近平用典——创新篇》,人民网,2015年3月16日,http://theory.people.com.cn/n/2015/0316/c394175-26697237.html。
③ 本书编写组:《毛泽东思想和中国特色社会主义理论体系概论》,北京:高等教育出版社,2018年,第208页。

坚持协调发展。协调是持续健康发展的内在要求。当前,我国在协调发展方面存在三个比较突出的问题:一是城乡二元结构和城市内部二元结构的矛盾依然比较突出;二是区域发展不平衡,东中西部、东北区域间是不平衡的;三是社会文明程度和国民素质与经济社会发展的水平还不匹配。① 十八届五中全会指出:坚持协调发展必须牢牢把握中国特色社会主义事业总体布局,正确处理发展中的重大关系,重点促进城乡区域协调发展,促进经济社会协调发展,促进新型工业化、信息化、城镇化、农业现代化同步发展,在增强国家硬实力的同时注重提升国家软实力,不断增强发展整体性。有序推动经济社会各项事业的全面均衡发展。

坚持绿色发展。绿色是永续发展的必要条件和人民对美好生活追求的重要体现。必须坚持节约资源和保护环境的基本国策,坚持可持续发展,坚定走生产发展、生活富裕、生态良好的文明发展道路,加快建设资源节约型、环境友好型社会,形成人与自然和谐发展现代化建设新格局,推进美丽中国建设,为全球生态安全做出新贡献。

坚持开放发展。开放是国家繁荣发展的必由之路。必须顺应我国经济深度融入世界经济的趋势,奉行互利共赢的开放战略,坚持内外需协调、进出口平衡、引进来和走出去并重、引资和引技引智并举,发展更高层次的开放型经济,积极参与全球经济治理和公共产品供给,提高我国在全球经济治理中的制度性话语权,构建广泛的利益共同体。

坚持共享发展。共享是中国特色社会主义的本质要求。必须坚持发展为了人民、发展依靠人民、发展成果由人民共享,作出更有效的制度安排,使全体人民在共建共享发展中有更多获得感,增强发展动力,增进人民团结,朝着共同富裕方向稳步前进。②

坚持创新发展、协调发展、绿色发展、开放发展、共享发展,是关系我国发展全局的一场深刻变革。充分发挥好五大发展理念的整体合力,开创中国特

---

① 专家学者解读《中共中央关于制定国民经济和社会发展第十三个五年规划的建议》,人民网,2015 年 11 月 3 日,http://theory.people.com.cn/n/2015/1103/c148980-27772329.html。
② 《中共中央关于制定国民经济和社会发展第十三个五年规划的建议》,载《人民日报》,2015 年 11 月 4 日,第 2 版。

色社会主义事业发展新局面。

(四)案例分析

案例简介：有一本书,被秘鲁总统库琴斯基、印度共产党(马)总书记西塔拉姆·亚秋里等政要摆在案头,也被脸书首席执行官扎克伯格视为必读书目。这本书,坦桑尼亚的执政党和政府高级官员人手一册,越南国家政治出版社为所有司局级干部配送一本。法国前总理让-皮埃尔·拉法兰为它专门作了长篇笔记,柬埔寨以国家名义为它举办专题研讨会,首相洪森还希望获得其电子版,以便在手机上反复阅读……这本书,就是《习近平谈治国理政》。

截至2018年2月2日,由中央宣传部(国务院新闻办公室)会同中央文献研究室、中国外文局编辑,外文出版社翻译出版的《习近平谈治国理政》第二卷中英文版全球发行已突破1 300万册。

《习近平谈治国理政》第二卷自2017年11月7日发行以来,受到国际社会广泛关注,在全球引起热烈反响,不断刷新改革开放以来中国领导人著作海内外发行量的最高纪录。该书中文繁体、法、西、德、俄、日、阿、葡等版本也在抓紧编译中。2017年11月27日,外文局同16个国家的知名出版机构签署《习近平谈治国理政》第二卷国际合作翻译出版备忘录,正式启动《习近平谈治国理政》第二卷国际合作翻译出版工作。

该书收入了习近平总书记在2014年8月18日至2017年9月29日期间的讲话、谈话、演讲、批示、贺电等99篇,分为17个专题,生动记录了以习近平同志为核心的党中央团结带领全党全国各族人民在新时代坚持和发展中国特色社会主义的伟大实践,集中反映了习近平新时代中国特色社会主义思想的发展脉络和主要内容,充分体现了中国共产党为推动构建人类命运共同体、促进人类和平与发展事业贡献的中国智慧和中国方案。①

分析：

作为当今世界最具影响力的领导人著作之一,《习近平谈治国理政》这本书何以风靡全球,让全世界都在学习？美国前国务卿基辛格一语道破天机："它为了解一位领袖、一个国家和一个几千年的文明打开了一扇清晰而深刻的

---

① 卢泽华:《这本书,全世界都在学习》,载《人民日报(海外版)》,2018年1月29日,第1版;《〈习近平谈治国理政〉第二卷 全球发行突破1 300万册》,载《人民日报》,2018年2月4日,第1版。

窗口。"

《习近平谈治国理政》一书集中反映了习近平新时代中国特色社会主义思想的发展脉络和主要内容,生动记录了以习近平同志为核心的党中央团结带领全党全国各族人民在新时代坚持和发展中国特色社会主义的伟大实践,充分体现了中国共产党为推动构建人类命运共同体、促进人类和平与发展崇高事业贡献的中国智慧和中国方案。显然,《习近平谈治国理政》为外界提供了一扇观察和感知当代中国的重要窗口,对于外界了解中国发展的大势极具参考价值,对于了解中国道路和中国理念极具深刻启示,自然会受到欢迎。

中国发展越来越美好,影响力不断上升。世界的发展离不开中国,中国的发展有益于世界。在全球经济复苏仍然乏力,增长动力不足,贸易和投资低迷,全球性挑战加剧世界经济不确定性的大背景下,世界各国对发展有着更加强烈而急切的渴望和期待。而作为世界第二大经济体的中国,已经成为世界经济的重要利益攸关方和主要贡献者。事实为证。过去五年,中国经济再上新台阶,年均经济增速超过7%,对世界经济增长平均贡献率超过30%,超过同期美国、欧元区和日本贡献的总和。世界银行日前发布的最新一期《全球经济展望》报告显示,2017年全球经济估计增长3.0%,为2011年以来的最强劲增长。东亚和太平洋地区对2017年全球经济增速的贡献率超过1/3,其中大部分贡献来自中国。显然,中国已经成为引领和带动全球发展的火车头和增长极。而随着中国经济与世界经济更深度融合,一个更高质量、更有效率、更加公平、更可持续发展的中国,有信心、有能力保持经济中高速增长,在继续实现自身发展的同时为世界带来更多发展机遇。此种情形下,全球更加关注中国的发展,《习近平谈治国理政》一书受到欢迎也就自在情理之中。[①]

五、深化行政体制改革

(一)行政体制改革取得的成就

改革开放以来,我国历届政府,都非常重视行政体制改革,进行了多次大

---

① 卢泽华:《这本书,全世界都在学习》,载《人民日报(海外版)》,2018年1月29日,第1版。

规模的行政管理体制和机构改革,特别是党的十八大报告提出要建立中国特色行政体制目标,深入推进政企分开、政资分开、政事分开、政社分开,建设职能科学、结构优化、廉洁高效、人民满意的服务型政府。深化行政审批制度改革,继续简政放权,推动政府职能向创造良好发展环境、提供优质公共服务、维护社会公平正义转变。稳步推进大部门制改革,健全部门职责体系。优化行政层级和行政区划设置,有条件的地方可探索省直接管理县(市)改革,深化乡镇行政体制改革。创新行政管理方式,提高政府公信力和执行力。严格控制机构编制,减少领导职数,降低行政成本。推进事业单位分类改革。完善体制改革协调机制,统筹规划和协调重大改革。我国的行政体制改革在五个方面取得了明显成效。

1. 政府机构改革取得显著成效

政府机构改革是行政体制改革的一项重要内容,改革开放以来,我国紧紧围绕政府职能的转变,根据精简统一效能的原则,已经顺利完成了七次政府机构改革。初步建立起与社会主义市场经济体制要求基本适应的政府组织体系。

2. 政府职能转变稳步推进

转变政府职能是行政体制改革的重点和核心任务。按照完善社会主义市场经济体制的要求,明确提出政府职能转变应该集中于经济调节、市场监管、社会管理和公共服务四个方面,建设"行为规范、运转协调、公正透明、廉洁高效"的行政管理体制。

3. 中央与地方关系得到初步协调

中央与地方关系的调整是中国行政体制改革的难点。正确调整央地关系的关键和核心在于能够合理划分不同层次政府之间的财力和职能。如果不同层级政府之间的事权和财权缺乏合理明确的划分,央地关系不协调问题就会成为影响中国行政体制改革的深层次问题,从而限制政府职能的有效履行。改革开放以来,我国进行了多次大的行政体制改革,央地关系的调整已初见成效。

4. 政府与企业、市场、社会的关系进一步理顺

深化行政体制改革的核心和关键是政府职能转变,而政府职能转变的核

心在于正确处理政府与企业、市场和社会之间的关系,以切实解决政府职能越位、缺位和错位等问题。目前我国在政府与企业、市场和社会关系调整方面做了大量工作,政府减少了对资源配置和微观经济活动的直接干预,将经济管理职能的重心转到搞好宏观调控和创造良好的市场经济发展环境上来;放权于社会,在一定程度上发挥了社会中介组织、服务性民间组织和基层自治组织在社会公共事务管理中的作用。

5. 行政管理体制机制不断创新与完善

改革开放以来,我国各级政府都在积极实践和探索,加快推进行政决策的科学化、民主化和法治化,行政管理体制机制创新取得重大进展。突出表现在:一是加强了行政决策的科学化、民主化,初步建立了群众参与、专家咨询和集体决策相结合的行政决策机制;二是积极推进行政审批制度改革,有效规范了行政审批程序,减少了行政审批环节,提高了政府行政效率;三是谋求行政权力的有效制衡,建立健全了过错责任追究制度,制定落实了法定质询、罢免的具体程序,创设了引咎辞职、责令辞职等易于实施的责任追究制度。

但这并不意味着行政改革就到位了。首先,我国行政体制改革的力度还远不如经济体制改革那么大,许多老大难问题尚未解决;其次,随着经济与社会的深入发展,国内外形势和行政环境不断有新变化,我国行政体制又出现了许多新的不适应。

(二)行政体制改革的现状

1. 政府基本行政职能的把握与设定还不够全面、科学

政府基本行政职能,亦即实体性职能,或叫事务性职能。其实,行政改革、政府管理创新和政府自身建设的最大任务和主要困难就在这里,其实质就是为了搞清楚哪些行政事务和职责范围是否过时多余、多少得体、分合适当、有益效能,或者是否被忽视了、疏忽了而尚存弱项与空白;并且据此研究制定出治理单个问题的专方和综合考虑的总略,积极推进包括祛除不适宜者、增强职能更科学合理定位、确保行政构成和规模更科学合理、灵敏高效等在内的调整与变化,最终打造出一个科学合理、互补协调的横向行政权能体系、基本行政构成和行政目标模式。

2. 社会管理还远远没有到位，存在许多弱项和空白领域

社会的概念有大有小，但尚未从政府管理的角度加以明确界定，社会的运行有其固有的特点和规律，但尚未纳入或体现到政府管理之中。于是，政府的社会管理职能无法确保具体确切、切实到位，在许多领域存在弱项乃至空白，就都成为现实必然。

由不同阶层、群体组成的现实社会到底是怎样互动的，彼此之间的利益合作、协同与博弈存在什么样的规律？有多少社会冲突根源超越利益而起自其他方面？社会冲突、社会矛盾产生和化解的规律和机制是什么？如此等等，许多问题都还没有得到回答。所以，社会管理职能的确认、划分、设定与配置基本上没有突破原来的社会职能设计和履行水平。

信息技术的发展用短短 20 年左右的时间便造就出一个不同于任何传统社会的信息社会。而这个崭新社会的物质基础——由因特网和无线通信网构成的信息技术平台为打通包括国家主权在内的各种社会界限提供了最方便廉价的条件，实质则是为国际强者随便干涉、破坏其他社会提供了最直接、有效的手段。这样一来，新的社会形态对于维持社会稳定与安全来说就带来了空前的难度和挑战。而这对于我国来说还仅仅是刚刚开始，要将其纳入政府管理范围还有一个启动的过程，离有效落实确实还差很远。

3. 危机事务受重视较晚，而且转化为政府管理职能较缓慢，也很不系统、不科学

当国际金融危机袭来，我国的危机管理就立即暴露出许多问题：政府在危机中的公共政策制定和政策战略受到极大挑战；对政府组织能力和执行力提出挑战；对政府的公开、透明以及公信力等也提出很大挑战。这表明，我们的危机管理能力还很有限。其根本原因在于，我们对危机事务的重视较晚，把它纳入政府管理较慢，也很不系统、不科学。

（三）行政体制改革的目标和重点

1. 转变职能，建立"适度规模政府"

我国的社会主义市场经济已经基本建成，市场成为资源配置的有效方式。但行政权力仍在我国资源配置中占有重要位置，许多本应该由市场来优化配置的资源仍然掌握在"权力之手"中。因此，应该进一步推进政府职能的转变，

继续由过去的全能政府向"适度规模政府"转变,将"权力之手"约束在有限的范围内——行政的归行政,市场的归市场。建立适度规模政府,就要进一步推进政企、政事、政府与市场中介组织分开,把与政府性质及职能不相符的事务一律交给企事业单位和市场中介组织;强化制度约束与责任追究,严格制约政府部门对企事业单位和市场中介组织的经营活动和具体业务的直接干预,当前应着力解决政府对企业生产投资、人事管理等方面事务的直接干预问题;清理、回收不宜由事业单位承担的行政事务,理顺政府部门与事业单位的关系;进一步推进政资分开,直接或间接割断政府干预企事业单位生产经营与具体业务的资产纽带;进一步缩小行政审批的范围,政府控制的重要产品、资源、工程、服务等的指标、额度和规模,视具体情况,或引入市场机制配置调节,或依靠法律法规规范操作,把行政审批限制在最必要的限度内,尤其要把投资审批范围严格限制在关系经济安全、环境资源、整体布局的重大项目和政府投资类、限制类项目方面。

2. 建立公共服务型政府

公共服务型政府不仅是对政府公共服务职能和社会管理职能的强调,更是一种政府管理的目标模式,是对社会主义市场经济条件下政府管理本质、政府职能作用和政府管理方式的一种实质性概括。

现代国家政府的实质是公共服务型政府,政府只有通过提供充足优质的公共服务,才能证明自己存在的价值与合法性。我国政府的职能包括经济调节、市场监管、社会管理与公共服务四个方面,其中,公共服务是政府职能的核心与实质。而从管理方式来讲,我国政府要优质、高效、规范地提供各种公共服务,同时加强政府服务型机关建设。

公共服务具有调节收入分配、促进社会和谐的功能。强化政府公共服务职能,完善社会保障、社会福利、公共医疗、义务教育等公共服务制度,是维护人民群众根本利益、保障弱势群体利益、保持社会利益均衡的根本措施。

建设服务型政府也是对经济波动与经济周期进行有效调控的重要手段,政府公共服务支出能自动调节社会总需求,达到抑制消费或拉动需求的目的。

公共服务型政府是由以政府为主的公共部门来提供公共服务,是由政府部门、政府服务类机构、公共服务事业法人共同提供公共服务。公共服务型政府所提供的服务包括维护性公共服务、经济性公共服务和社会性公共服务等部分,包括为实现公民权利、促进经济发展、推进社会进步而提供的公共服务。

3.依法行政,建立法治政府

行政管理体制改革的重要目标就是全面推行依法行政,建立法治政府。

首先,应该继续完善政府依法行政的法制体系。随着《立法法》《行政法规制定程序条例》和《规章制定程序条例》等法律法规的颁布,我国的法律、法规和规章的制定、修改程序日益完备,科学化、民主化的行政立法体制逐步建立,这为制定完备的行政法规范提供了完善的立法体制。

在行政法规范的内容上,要建立健全规范经济社会活动,特别是涉及市场主体行为、产权保护、交易秩序及劳动、就业、保障等的法律法规,为政府全面依法行政创造完备的法制环境;建立健全规范政府行政活动,特别是涉及机构编制、职责权限、行为方式、奖励处罚等的法律法规,强化对政府行为的监管。其次,进一步完善行政执法体制,为行政管理体制改革提供法治保障。行政执法是行政管理的重要方面,其公正有效与否,关系到相对人权益保障和行政管理体制改革的顺利实现。因此,应加快建立权责明确、行为规范的行政执法体制,保证各级行政管理机关及其工作人员严格按照法定权限和程序行使职权、履行职责。同时,还应理顺执法体制,明确行政执法机关的职权和责任,落实"收支两条线",保障执法经费,完善政府绩效评价制度,将政府执法能力和效果、群众对其满意度等纳入绩效考评机制,建立行政执法责任追究制和官员问责制,形成有效激励和约束机制,确保法律实施。

(四)案例分析

案例简介:为了办理出境旅游签证,需要明确一位亲人为紧急联络人,当事人陈先生想到了自己的母亲,可是问题来了,他需要提供他母亲是他母亲的书面证明。但是,陈先生在北京的户口簿,只显示他和老婆孩子的信息,而父母在江西老家的户口簿,早就没有了陈先生的信息。在陈先生为此感到头大时,有人告诉陈先生,可以到父母户口所在地派出所开这个证明,因为那里有他户口迁出的记录。先不说派出所能否顺利开出这个证明,光想到为这个证明要跑上近千公里,陈先生就够头疼的了。令陈先生意外的是,他最后向旅行社交了60元钱,就不需要再去证明他妈就是他妈了。①

分析:

从娘胎里走出的那一刻,母子关系就已成铁证,风雨相携几十载,血浓于水的亲情天地可鉴,更镌刻在每个人的内心,无须任何证明,更无需向任何人解释。然而,公民出国旅游被要求证明"你妈是你妈",既荒唐又让人哭笑不得,也再次让行政审批之烦琐与教条大白于天下。

证明过多过滥,从另一个侧面也说明审批事项仍旧太多太细,动辄要求办事群众开证明,俨然已成一种刁难的权力。因为太多的证明,最后都是通过花钱找人解决,事实上这也成了某种权力寻租的通道,让"证明经济"与"盖章经济"大行其道。比如之前办理生育证,夫妻双方户籍不在一地,办理过程需要盖章、签字40多个,那盖的根本不是公章,盖的是折腾,盖的是金钱。

说到底,"证明你妈是你妈"的奇葩证明,背后折射的是公共服务水平的低下。一方面,公民明明已经登记过的信息却需要频繁开证明,政府部门自己该主动核实的信息却让公民跑断腿;另一方面,"门难进、脸难看、事难办"变成了"门好进、脸好看、事难办","就是这么规定的"成了刁难民众的借口,也成了权力寻租的渠道。

如何提升政府工作人员素质、改善其服务态度要尽快提上日程,对现有人员要定期培训考核、认真测评,同时严肃问责;同时还要提高政府部门准入门槛,对招录人员严格选拔把关。有了监督,一切才能有条不紊;当权力失去监督,便是萌生腐败的温床。如果对政府部门着力开展监督工作,恐怕证明"你妈是你妈"就不会真实上演。这需要纪检部门成立专门巡视组,定期到各单位巡视、抽查工作,起到震慑作用;也需要新闻媒体加大调查、曝光力度,通过舆论压力规范政府行为;还需要畅通民意反映渠道,引导民众理性诉求、积极提议,让权力在阳光下运行。

身为政府公务人员,应坚持为人民服务,一味吝惜服务、难为民众,只会逐渐背离民心,使自身形象轰然坍塌。为简化行政审批程序、为让"你妈是你妈"

---

① 百度百科:《证明你妈妈是你妈妈》,https://baike.baidu.com/item/%E8%AF%81%E6%98%8E%E4%BD%A0%E5%A6%88%E5%A6%88%E6%98%AF%E4%BD%A0%E5%A6%88%E5%A6%88/17604324?fr=aladdin。

闹剧不再上演,还需确保制度出台、服务改善、监督到位,这样才能让政府永葆公信,让民众如意顺心。①

六、健全社会协商民主制度

协商民主理论是20世纪80年代兴起于西方,是针对西方既有体制代议制民主弊端和积极回应社会多元文化现象而出现的。随后协商民主理论传入中国,由于协商民主理论和中国的政治协商有某种契合度,其理论得到快速传播和广泛认同,在理论的推动下之后出现了各种协商民主的实践形式。

(一)社会协商民主的现状

社会协商是社会主义协商民主中较早提出的主要形式之一,也是社会主义协商民主的重要组成部分。社会协商概念最早来自党的十三大报告中提出的"社会协商对话制度",初步阐释了社会协商对话制度的主要内容,从此与"政治协商"相区别的"社会协商"概念在我国政治生活中正式出现。党的十四大再次强调了建立社会协商制度的任务,"领导机关和领导干部要认真听取群众意见、充分发挥各类专家和研究咨询机构的作用,加速建立一套民主的科学的决策制度"。党的十五大提出了社会协商制度应包含的主要内容:"让群众参与讨论和决定基层公共事务和公益事业。"党的十六大指出建设社会协商制度的总体要求是:"扩大公民有序的政治参与",切实做到"深入了解民情、充分反映民意、广泛集中民智、切实珍惜民力的决策机制。建立社情民意反映制度,建立与群众利益密切相关的重大事项社会公示制度和社会听证制度,完善专家咨询制度"等。党的十七大更是把建设社会协商制度提升到发展社会主义民主政治的基础性工程的高度来加以阐述:"推进决策科学化、民主化,完善决策信息和智力支持系统,增强决策透明度和公众参与度,制定与群众利益密切相关的法律法规和公共政策原则上要公开听取意见。"党的十八大首次提出"社会主义协商民主"概念,并将其作为坚持走中国特色社会主义政治发展道路和推进政治体制改革的重要组成部分。十八届三中全会通过的《中共中央

---

① 马丽江:《证明"你妈是你妈"折射公共服务水平低下》,环球网,http://opinion.huanqiu.com/plrd/2015-04/6137907.html。

关于全面深化改革若干重大问题的决定》进一步指出:"协商民主是我国社会主义民主政治的特有形式和独特优势,是党的群众路线在政治领域的重要体现,要推进协商民主广泛多层制度化发展,构建程序合理、环节完整的协商民主体系。深入开展立法协商、行政协商、民主协商、参政协商、社会协商。"社会协商民主制度是我国协商民主制度的必要补充。

目前社会协商民主方式丰富多样,且制度在不断建立和完善。主要有以下三类:一是以确立公共政策问题为目标的社会协商,如市长热线、领导人接待日制度、公民调查、专家咨询等;二是以协商公共政策为目标的社会协商,如听证会、民主恳谈会、社区议事会等;三是以强化公共政策效果为目标的社会协商,如公民旁听、公共论坛、信息公开等[①]。其中民主恳谈会在我国协商民主的发展进程中,在基层民主建设中得到充分发展,从而推动社会协商民主方式的创新,在社会协商制度建设过程中发挥着不容忽视的作用。

(二)社会协商民主的成就

在我国发展社会主义民主政治、建设社会主义政治文明的过程中,协商民主发挥着越来越重要的作用,正如《关于加强社会主义协商民主建设的意见》中指出的:"社会主义协商民主是中国社会主义民主政治的特有形式和独特优势,是党的群众路线在政治领域的重要体现,是深化政治体制改革的重要内容。"社会协商民主有利于转变政府职能,政府在做出公共政策和决策时要吸纳民意,充分回应民众的诉求,以服务民众为宗旨;扩宽了公民有序政治参与的渠道,社会协商民主如温岭的民主恳谈会让民众亲自参与到镇里重大事项的讨论,提供了利益表达和政治参与的一个平台;提高了政策决策的合法性,社会协商民主能够收集民情、了解民意,同时吸纳了民众的参与,公共决策能够得到民众的理解和认同,从而提高政策的合法性。

(三)社会协商民主的热点

目前全国各地都在积极开展实践探索,推进社会协商方式的不断创新,进而不断推动着社会协商制度建设的落实。当前社会协商民主在基层农村和社区得到充分发展,温岭市的民主恳谈会最具创新和特色,也是当前社会协商民

[①] 王建军等:《中国协商民主制度的历史演进》,载《四川行政学院学报》,2012年第6期。

主发展的热点。

温岭的民主恳谈经历了三个发展阶段。第一阶段为初级恳谈阶段,此阶段主要是"群众提问题,干部作回答"。恳谈的初衷是对群众进行宣传教育活动的一种尝试,并无固定的对话与沟通的形式和制度。第二阶段为决策型的民主恳谈阶段。在原有基础上,将其拓展到参与基层政府的决策过程,与基层人大相衔接,探索出了民主恳谈与基层人大相切合的民主表决模式,并使其逐渐规范化、程序化、制度化。这一阶段,最具影响的是"泽国试验"。第三阶段为民主恳谈与财政预算相结合的阶段即参与式预算民主。逐步形成了两种模式,"新河模式"与"泽国模式"。"新河模式"主要是指在财政预算编制和初审的过程中,将公众的参与融入人大表决的机制当中的一种民主实践方式。这种模式在现行体制外进行的民主发展路径的探索,促进了民主恳谈走向制度化。"泽国模式"主要是指随机抽取公众代表参与人大财政预算的编制过程的一种民主实践方式。这种模式用民意代表来参与财政预算的过程,是民主恳谈会的进一步发展。温岭市的民主恳谈会是对社会协商方式的探索与创新,丰富了社会协商民主的实现方式,为我国建立广泛多层制度化的社会协商制度做出了探索性的贡献。

(四)社会协商民主的发展趋势

1. 协商主体的多元化

随着社会主义市场经济的建立和改革的不断深化,协商民主的参与主体将不仅是政党、政府、社会团体、各民主党派、社会精英等,更多的主体将会参与到社会协商中去。改革开放至今,我国的社会结构发生着巨大的变迁且呈现多元化的发展趋势。社会学家陆学艺将我国的社会阶层划分为国家与社会管理者阶层、经理人员阶层、私营企业主阶层、专业技术人员阶层、办事人员阶层、个体工商户阶层、商业服务业员工阶层、产业工人阶层、农业劳动者阶层和城乡无业、失业、半失业者阶层十大阶层。[①] 这些不同阶层的群体会有不同的各种利益诉求。阶层的分化导致利益需求的多样化,进而出现协商主体的多元化。

---

① 陆学艺:《当代中国社会阶层研究报告》,北京:社会科学文献出版社,2002年,第8页。

协商民主多元化过程中的趋势还包括非政府组织的参与和推动。非政府组织作为独立于政府和市场的第三方力量,以其自身的非营利性、非政府性、独立性等特征在社会协商民主中发挥着媒介的作用,非政府组织根植于智力、人才密集、信息灵通,应以其广泛的社会资源发挥其作为国家与社会沟通渠道的作用,能够以组织化的方式代表特殊人群的利益展开与政府之间的合作对话。

2. 协商领域的扩大化

社会协商民主可以在国家层面,也可以在公民层面进行,可以在政治领域、经济领域、社会领域和文化领域进行。凡是涉及经济社会发展重大问题和涉及群众切身利益的实际问题都可以协商,社会协商民主在各领域的表现形式也将日益丰富。总之,社会协商民主的领域大致包括以下几个特点:第一,公共决策议题是社会大众强烈关注的议题;第二,该议题易引起利益冲突、价值冲突或认知层次上的冲突,因而具有较大的争议性;第三,该议题涉及一定程度的技术性知识,需要通过公开的讨论,以便让民众了解相关的问题,并在此基础上理解和支持最终的决策。①

3. 协商方式的多样化

十八届三中全会指出:"要推进协商民主广泛多层制度化发展。"社会协商民主的形式呈现多样化,如民主恳谈会、听证会、民主评议会、社区议事会、公示制度、协商民意测验、公众质询、工资集体协商等。进入 21 世纪以来,随着互联网的快速发展,中国网民总数达到 6.68 亿人,互联网普及率为 48.8%。互联网的普及打破了信息的垄断,网民可以随时了解到信息,从而扩大了公众对政治信息的知情权。网络问政、网上征集意见等形式的政治参与渠道促进了公众政治参与的热情,使越来越多的网民借助它来表达自己的政治意愿。可预见的是,互联网将会成为民意表达的一个重要途径,以互联网为平台的公共领域将会出现形式多样的协商方式。

(五)案例分析

案例简介:浙江温岭市泽国镇 2008 年财政预算民主恳谈会

温岭市泽国镇位于甬台温经济区"台州金三角"腹地,民营经济发达,泽国

---

① 谈火生、霍伟岸、何包钢:《协商民主的技术》,北京:社会科学文献出版社,2014 年,第 21—22 页。

镇辖区面积为63.12平方公里,常住人口12万人,外来人口逾15万人。2007年实现全镇工农业总产值234.6亿元,同比增长24.85%;财政收入5.68亿元,同比增长26.79%;农民人均收入10 946元。由于泽国镇从2005年就开始了"参与式预算"民主恳谈会,政府和民众都具备了协商民主的一些基本素质。泽国镇2008年财政预算民主恳谈会分别于2008年2月20日和29日举行了两次。其会议过程如下:

第一,确实民主恳谈会的议题。

议题是由当地党政官员谋划的,在民主恳谈前泽国镇政府编制出了一本长达48页的泽国镇2008年财政预算支出测算表,对2008年泽国镇24 852.3万元的财政预算提供了极为详细的预算开支清单,让民意代表审议。

第二,选定民意代表。

本次恳谈会采取随机抽取的方法从全镇12万人口中抽选197位民意代表。在2月20日的恳谈会上,还邀请了93位(实到63位)镇人大代表旁听。

第三,第一轮恳谈。

第一轮恳谈属于民意代表的恳谈。公共财政预算民主恳谈会第一轮2008年2月20日上午开始进行,197名民意代表中有175位参加了当天的会议,之后把175位民意代表经过抽签又被分成13个小组,根据之前所拿到的泽国镇2008年财政预算支出测算表对2008年泽国镇财政预算进行分组讨论。上午和下午分两场召开全体会议,将每个小组讨论会上民众代表意见比较集中的问题提交大会恳谈。小组讨论由经过培训的工作人员主持,之后民意代表带着小组讨论时最关注的问题和意见,参与大会讨论。主持人要求发言者阐明所提意见的理由,并在会场上进行辩论,最后再由政府工作人员与之互动。

第四,第二轮恳谈。

本次协商民主恳谈评议结果将提交镇人大,作为人大审议镇财政预算的重要参考。由镇人大代表组成的监督小组将进行过程跟踪。

第五,协商结果。

2月20日上午,民意代表主要关注和集中讨论的是生态环境卫生、教育投入、农业直接补贴和社会治安等方面问题,2月20日下午,主要关注和集中讨论的是旧城区的消防、政府运行成本、医疗卫生、城区停车位建设、中心区配套工程和农村困难老人补贴等方面问题,并提出了一些修正意见。这些意见与建议于2月28日镇人代会召开前夕,在上述议题中政府通过调整财政的支出来有效回应民意代表的意见。①

分析:

通过这个案例,我们可以看出温岭一直在探索协商民主的新形式,也一直走在全国前列。目前把民主恳谈会与具有决策权的人大制度结合起来,形成了"参与式预算"。与此同时,泽国镇这次财政预算民主恳谈会有一些创新之举,凸显了协商民主的价值。

首先,民意代表的抽样选取,体现了协商民主的平等和公平原则,保证了每个公民平等地享有协商机会。本次恳谈采用科学的随机抽样法中的分层随机抽样产生民意代表,这种随机性保证了代表性,抽样方式可以克服由领导人指定座谈人员这种传统方法所带来的弊病,同时保证弱势群体有同样的可能性参与协商。在小组讨论时,给各位代表编号,这样可以让参与者畅所欲言表达自己的看法和需求,这些做法都体现出协商民主操作的科学性。

其次,会议方式的创新。

泽国镇财政预算民主恳谈会主要采取了大会介绍、小组分组讨论、大会交流、与人大代表会议的嫁接和主持人制度五种方式。小组会议是为了让每个人充分发言,体现平等发言的机会。在小组讨论最后10—20分钟,确定大组会议提出的问题及其发言人。之后进行第二轮全体大会,这时民意代表可以和政府官员、学者进行讨论、对话和沟通,甚至辩论。这样可以培养民意代表通过理性的方式来表达自己的看法,以理服人,同时帮助代表形成一定的全局意识,使他们在做决策的时候不仅仅考虑自身的个人利益,还要站在全镇的立场看问题。主持人制度也具有独特的创新之处,一方面可以引导代表进行有序的议题讨论,防止冷场的局面;另一方面由于主持人一般是由没有和议题有相关利益联系的人来担任,这样可以确保主持人在讨论中保持中立,可以得到民众的信任,充分鼓励参与者讨论。

泽国镇财政预算民主恳谈会有很多的创新之处,其操作技术一方面体现

---

① 以上案例材料来自郎友兴:《中国式的公民会议:浙江温岭民主恳谈会的过程和功能》,载《公共行政评论》,2009年第4期。

了协商民主的平等性和通过对话、沟通、协商达成共识,另一方面可操作性很强,具有可复制性和推广性。

通过这次恳谈会,培养了公民的美德,形成在共同体中相互理解、倾听、理性等一些现代政治民主发展所必不可少的素质。民意代表在许多原来分歧比较大的重要问题上,通过对话讨论的方式来论证自己合理的观点,相互理解和相互妥协,最终就本地区的公共利益形成共识,形成符合绝大多数群众利益要求的决策。这种共识这有利于社会形成合力,促进社会的和谐发展。

泽国镇的民主恳谈会让民众有机会参与到镇财政预算的讨论、修改和监督,参与公共事务的管理,满足了民众日益增长的政治参与需求。当前,民众参与政治的渠道和方式较少,民主恳谈会正好可以使来自不同群体的代表就重大事件(或问题)进行讨论,可以表达自己的利益诉求和意愿,从而扩宽了民众利益表达的渠道和参政的机会。民主恳谈会让民众体验到主人翁的地位和当家作主的感觉,提高了公民参与协商民主的积极性和主动性,从而推动中国民主建设。

恳谈会意味着政府和公民围绕公共事务进行平等、自由、公开的对话和讨论,公共政策在充分讨论的基础上科学性会得到大大的提高。与此同时,政府在吸纳民意和满足一部分民众的利益需求的基础上做出决策,使政府决策的合法性得以提高,这样政策的出台,民众对政策的认同度会很高,执行力也会很强。

中央党校李良栋教授在考察温岭民主恳谈时说,浙江温岭的民主恳谈会这种有效的基层协商民主方式,对于全国的基层协商民主都有示范意义。2004年,民主恳谈获得第二届"中国地方政府创新奖",2007年,参与式预算民主恳谈被评为"中国十大地方公共决策实验"。从温岭民主恳谈成功的实践经验可以总结出:

第一,社会协商民主制度的建设需要一定经济发展水平的支撑。开展"民主恳谈"的乡镇都是经济发展比较快、经济实力较为雄厚的地方。温岭市的城市化、工业化发展非常快,泽国镇、新河镇等地涌入大量外来人口,外来人口甚至超过了本村户籍人口,同时大部分耕地非农化,绝大部分农民不再从事农业生产。大量的企业设厂使得当地居民多了地租等收入来源,居民的生活水平也随之提高。不仅如此,经济发展较快,当地居民的文化素质相对较高。同时政府可以支配资金数额大,民主恳谈会的召开有一定的资金支撑。

第二,社会协商民主制度的建设需要具有开明意识、民主理念和现代管理手段的领导人推动。温岭民主恳谈的开展,属于一种自发式、主动性探索,是基层领导干部在没有顶层制度设计的情况下,根据当地民主政治发展的实际进行的实践创新。这种情况下,如若没有大胆进取、锐意创新的领导人推进,很难设想能够开展起来。

第三,社会协商民主的发展需要不断推动其制度化、规范化和程序化建设。浙江省温岭市十几年的民主恳谈实践中,温岭市政府一直关注对温岭民主恳谈的"三化"建设,即制度化建设、规范化建设和程序化建设,按照协商民主的要求规范民主恳谈会和设计民主恳谈的制度,建立严格的监控机制,对代表们的行为实施程序监督。同时加强程序化建设,使民主恳谈会按照一整套具体的制度体系来操作。

在总结和肯定"民主恳谈"经验、长处的同时,也应当看到它的不足之处,各种制度和程序设计还不够完善。存在的问题主要有以下几点:

1. 协商制度不完善和协商结果不易落实

虽然建立了村镇重大事项的民主协商制度,但制度执行的制约力度不大,社会协商过程中形成的共识和结果能否为决策部门采纳,主要取决于决策部门尤其是领导干部的意志,制度执行的好坏与当地领导是否真正重视密切相关,甚至出现"人走政息"的现象,协商结果没有制度化保障和流于形式。由于缺乏明确的责任追究机制和缺乏法制规范的刚性约束,协商的参与者也难以对决策部门形成有效的监督,更无法了解协商结果的执行情况,这就使社会协商制度往往形同虚设和流于形式。

2. 协商过程中存在不平等倾向

由于中国政治体制中一定程度地存在"官强民弱"的特点,以及协商能力的不平等,导致在协商过程中出现少数精英控制,协商议题选定容易受到强势集团的限定,一些有利于强势集团的协商优先开展,不利于的被推迟或无限期搁置。同时,许多参与社会协商对话的代表往往是领导指定或者是具有优势的群体的代表,受决策影响的弱势群体很难进入对话领域,即使进入了协商对话过程中,由于其社会协商对话能力的限制,也使其难以有效表达其各种诉求而被忽视。

3. 协商主体的素质与协商民主的要求之间存在差距

社会协商民主的顺利开展是以普通公民能参与到相关的公共政策制定的协商过程为前提的,这就要求公民具有较强的政治参与能力和文化素质。以基层协商民主主体为例,社会协商民主的良好开展对村干部、社区工作人员、参与的村民和居民都提出了较高的文化素质与民主能力要求。但目前的情况是,村民整体的素质较低、居民的素质参差不齐。在讨论表决重大事项时,相当一部分的参与者不能真实全面地反映和代表各类群体的权益,存在狭隘的利己性和过激的排他性,不善于进行理性的合作,对涉及个人利益的事固执不放,还有对集体利益随大流、搭便车的心理。一些村干部的思维方式和工作方法仍带有计划经济时代的痕迹,不习惯以协商的方式展开工作。

以上问题的存在在一定程度上制约了社会协商民主制度多层次、多形式的建设,为此我们还需要不断探索更多的社会协商民主发展途径,创新更多的实现形式。

针对社会协商民主在实践中出现的各种问题,笔者试着提出以下几点对策建议:

首先,加强党的领导。在建立和完善社会主义协商民主制度过程中,始终要坚持党的领导。发展社会协商民主同样要坚持党的领导,加大党的支持和推动,中国共产党处在总揽全局、协调各方的执政地位,具备极大的社会动员与整合能力,能够为社会协商民主的发展保证正确的方向和提供各方面的资源。

其次,积极培育社会协商对话的社会基础。社会协商对话的有效开展需要良好的协商对话的社会环境和氛围,一个成熟的公民社会的形成以及社会自治能力的提升是社会协商民主有效发挥作用的前提条件和社会基础,是社会协商民主的社会生存空间,它不仅为社会协商培育了参与主体,而且还培育了公民参与社会协商所必需的表达、辩论、沟通和对话等技能。公民社会的宽容精神、多元主义、合作意识、平等理念和人本主义等价值观,对社会协商民主的良性运行具有非常重要的作用。这就要求各级党和政府要充分认识和重视社会协商民主在经济社会发展中的重要性,并作为其进行决策所应遵循的重要程序,充分尊重群众,真正做到权为民所用,真正发挥群众的积极性、主导性和创造性,从而在全社会形成政府和群众有效互动的社会协商对话格局。

再次,加强和完善社会协商民主的制度化建设。社会协商民主持续发展的一个前提是其制度化,为此,一是要从法律和制度上保证社会协商民主的顺利开展,确立社会协商民主的法律地位,并具有执行中的强制效力,以保障社会协商民主的有序展开。二是要求各级领导机关、各个单位要结合实际情况规范社会协商民主的基本原则、基本内容、基本形式等,使之为广大群众所了解和遵守,从而避免把社会协商作为一项临时性的应变措施。三是要借助制度来限制暴力威胁、武力和强势集团,使各种程序在阳光下进行。四是要注重对协商结果的监督和反馈机制的建设,并在可操作上下功夫,建立一个协商、反馈和监督相结合的有效协商民主制度。社会协商民主的制度化,有利于保障社会协商民主机制持久地发挥作用,从而在根本上保证社会协商民主真正发挥其应有的功能。

最后,提升参与主体的民主协商能力。社会协商民主的开展要求参与者具备一定的民主意识和参政议政水平。针对参与主体素质整体不高、居民能力参差不齐等现状,我们需要通过培育参与型政治文化的熏陶、公民教育的开展和民主实践的训练,不断提高公民的协商能力与素质,培育协商式的民主主体。通过定期的培训,让公民了解和掌握社会协商民主的含义、基本原则和方法,学会和应用协商民主的方法和技巧来解决实际的问题,提升其协商的能力,从而使得公民具有参政议政的意识和能力,把社会协商当作处理问题的一种思维方式。这样,中国的社会协商民主就有了坚实的文化基础和主体条件。

七、提高司法公信力

(一)提高司法公信力的成就

新中国成立后、特别是改革开放以来,我们党高度重视法治建设,领导人民制定宪法法律,经过各方面坚持不懈的共同努力,一个立足中国国情和实际、适应改革开放和社会主义现代化建设需要、集中体现党和人民意志的中国特色社会主义法律体系已经形成,国家经济建设、政治建设、文化建设、社会建设以及生态文明建设各方面已经实现有法可依。2007年党的十七大及2014年党的十八届四中全会又把全面推进依法治国作为国家的重大发展战略,把建设公正、高效、权威的社会主义司法制度作为全面落实依法治国基本方略的重要途径之一。自此,司法具有公信力成为依法治国、建设社会主义法治国家的题中应有之义,被赋予无比崇高的地位并作为司法体制改革的重大目标之一。

司法的公信品质在中国历史的长河中历经百般砥砺,终于在建设中国特色社会主义法治国家的伟大实践中得以最终确立,不仅被赋予了新的内容,而且在实现途径上也对司法体制提出了新的要求。执法为民的理念要求国家司法机关及其工作人员以人为本,持久地信守职业道德,公正地依照法律履行处理案件的义务和责任,从而使广大民众对司法工作深刻地拥有"三种信任",即对通过司法途径获得公正判决的信任、对司法权力廉洁的信任以及对从判决中获得实际诉讼利益的信任。司法公信力强调社会公众对法官、检察官运用法律处理案件过程及结果的满意与信任程度,司法公信力主要通过司法机关和法官、检察官的司法行为来实现,因此,实现上述"三种信任"的唯一有效途径就是规范司法行为,在中国的司法体制下主要是对审判、监督与执行这三种司法行为的规范。

近年来,人民法院每年办理各类案件1 000多万件,诉讼范围由小到大,诉讼案件由少到多,越来越多的矛盾纠纷通过司法渠道得到妥善解决,说明人民群众对司法裁判的信赖度在不断提高,人民法院工作在不断发展进步,司法公信力在逐步提高。

此外,人民法院对大量的诉讼案件的裁判处理,对于保护当事人的合法权利,维护社会稳定,促进经济社会健康有序地发展发挥了积极作用。人民法院在民商事案件中,通过判决与调解相结合的方式,致力于化解民商事案件的矛盾,为促进家庭和谐、社会稳定,推动经济发展起到了重要作用;人民法院在刑事案件中,通过准确地把握宽严相济的刑事政策,依法惩治犯罪,维护了社会治安,减少了对抗,化解了社会矛盾;人民法院在行政案件中,对当事人与政府机关一视同仁,坚持服务与制约同步、支持与监督并重的原则,对促进依法行政和社会的稳定和谐发挥了重要作用。以上种种事实客观反映我国司法在大众心目中的信任度和影响力在不断提高。

(二)司法公信力的现状

改革开放以来,人民对司法的认同性越来越高,但是不可否认的是目前司法过程中也存在一些问题,直接导致司法公信力存在缺失。当前我国存在司法公信力程度较低,社会公众对司法的预期与实际效果存在重大差距,司法公信力的提高阻力重重等问题。具体导致司法公信力缺失的原因则是由历史性原因、体制性原因、司法机关内部原因、文化性原因等多种原因复合而造成的。

目前,我国司法公信力状况主要表现在以下方面:

1. 司法排除力的缺失

司法排除力的缺失主要表现在实践中司法权会受到行政权的制约,在个案处理上法官也会受到行政机关的影响。我国宪法虽然在权力界定上赋予司法权和行政权相同的地位,但是在实际运作中却呈现出行政权"独大"的特征。实际生活中,行政机关作为行政权力的掌握者,必然会用行政权去影响乃至限制司法权的行使,如出台"红头文件"规定某些民事纠纷只能向某主管机关寻求解决,不能向法院提起诉讼或者对案件的裁判施以影响。陕西就出现过这样的案例,当地国土资源厅对法院判决拒不执行,并扬言要开会否定。可见,官员中不少人都存在着权力大于法律的错误思想,对法院独立行使司法权提出了公然挑战。

2. 司法自律力的缺失

司法自律力缺失的主要表现是司法腐败。具体表现为:利用职权,受贿索贿;贪赃枉法,裁判不公;滥用职权,徇私枉法;等等。最高人民检察院的工作报告指出,近年来,我国司法人员贪污受贿、徇私枉法的案件时有发生,屡禁不止。司法机关及其工作人员滋生的腐败,从根本上冲击了社会公平正义的底线,对司法权威造成了不可逆转的伤害,加剧了公众对司法活动的不信任。

3. 司法判断力的缺失

司法判断力缺失的表现是我国还缺乏一个专业化程度高、道德素质好的法官群体。"如果说法院是社会正义的最后一道防线,那么法官便是这道防线的守门人。"因此,法官在法治社会具有十分重要的作用。不可否认,我们的法官队伍中确实存在着这样一些能够适应现代化法治要求的高素质法官,他们既有理论功底,又有实践经验,既懂专业知识,又通人情世故,同时道德素养高,已经成为法院系统的中流砥柱。但也应看到,这毕竟只是法官队伍中的一部分,而还有相当一部分法官的素质还远未达此,这也直接导致了司法判断力的不足。一些文化程度不高、专业素质不达标的人走进了法官的队伍,影响了法官队伍的整体素质。近年来,情况有所好转,但法官素质仍然参差不齐,一部分法官仍未达到合格法官应有的标准。尽管我国为此做出努力,颁布了《法官法》,对法官的相关制度进行了明确规定。然而,法官职业能力的培养是一个日积月累的过程,需要深厚的专业知识和丰富的裁判经验,而这绝非一日之功。

4. 司法裁判说服力的缺失

司法裁判说服力缺失的主要表现是司法裁判尚未达到定纷止争、"案结事了"的目标。司法的最终目标是妥善解决纠纷,化解矛盾,然而现实中的情况与此还相距甚远。近年来,多次出现当事人不满法院、法官审判结果而采取极端方式发泄心中不满的情况。曾有当事人持枪冲入法院对法官进行扫射的案件,也发生过法官被执行人暴力抗法的事件。然而公众对此的反应却是叫好声一片,由此可见我国司法在公众心目中的形象之劣。法律作为调节社会纠纷、保障人们权利的最后一道屏障本应得到人们的理解与尊重,然而现实中一再出现的司法不公、有法不依、执法不严的丑恶现象,已经使人们原有的对法律的信任与崇敬消失殆尽。取而代之的是极度厌恶,甚至产生逆反心理,选择用极端手段解决问题,法律远未发挥应有的价值。

5. 司法执行力的缺失

司法执行力的缺失是指当事人在接到法院判决后自觉执行裁判的比率还很低,在很大程度上要维护胜诉方的合法权益要依靠法院的强制执行方式。在当代中国,由于种种原因,当事人自觉执行法院裁判率还很低。诚然,有些当事人确实存在着经济困难的状况,不具备履行法律义务的能力,但其中也不乏有能力履行而因不服气而故意不履行的情形。更有甚者,当街"拍卖"起了判决书,让人唏嘘和无奈。

(三) 提高司法公信力的目标和重点

司法公信力本质属于意识的范畴,根据马克思主义哲学的物质决定意识理论,构建司法公信力的根本在于发展社会主义生产力。但是也不能否认的是事物之间是普遍联系的,司法公信力的构建是一个系统的工程,应从影响司法公信力的各个方面入手,全面解决司法公信力较低的问题。本文主要从司法内部即司法体制改革、法官制度以及司法理念三个方面探讨构建司法公信力的对策,具体的措施如下:

1. 树立正确的司法理念

第一,践行司法为民理念。司法为民理念主要包括三个方面:一是思想观念上要为民。意识指导实践,在具体的司法过程中,司法工作者要本着为人民着想的原则,把维护人民利益作为自己的工作的根本。二是在实际的工作中要便民。便民主要体现在程序上,将司法过程中的各种程序予以公示并使之利于查询,推动网上立案以及邮寄送达等措施,提高窗口单位的办事效率和热情,针对偏远地区的案件做到巡回审理或就地开庭及时解决纠纷。三是在效果上要利民。司法的效果不是体现在判决书上,而是确实能挽回群众受损的利益。加大执行的力度,破解当前执行难的困境,将是司法为民的重中之重。为农民工以及特殊群体开辟绿色通道,争取将其利益落到实处。加强执行财产查证,强化执限跟踪管理,推行执行全程公开;积极探索执行工作新方法、新机制,加大抗拒执罪的适用力度,以确保判决的执行到位。

第二,指引民众司法观念。司法公信力是司法工作人员努力实现司法公正所带来的民众对司法的认同。其一方面取决于司法是否公正,另一方面还在于民众是否对其认同。民众司法正确观念的指引的最重要的方法就是宣传,使民众对司法观念有着合理的认识。司法观念指引的基础就是法律被认可,司法才有价值。立法的活动有民众的参与,体现其意志;司法过程有民众监督,陪审有民众的参与,才能改变其观念。

第三,坚持中国特色的法治道路。习近平总书记指出"鞋合不合脚,穿着才知道"。解决中国问题,要有中国思维。建设法治社会,还需要走中国特色的法治道路。笔者认为,当前我国司法公信力的提升,首要的是解决认识问题,也就是道路问题,即坚持中国特色的法治道路,坚决不走"歪路""邪路"。这里的"中国特色的法治道路"有两点必须坚持:第一是必须坚持社会主义初级阶段的基本国情。司法公信力要提高,必然要触及现有体制和既得利益集团的利益,而这种体制和利益的调整和重构,必须虑及当前的基本国情。不能举步不前,更不能操之过急。第二是必须坚持中国共产党的领导。党是社会主义建设的领导核心,也是中国法治建设的坚强领导者。解决中国的问题,关键在党。因此,司法公信力的提升,其制度设计和利益调整,应当在党的统一领导下进行。坚持党的领导,这不仅是提升司法公信力的必要途径,同时也是司法公信力提升各项举措取得实效的重要保障。

第四,培植法律信仰。人类信仰的最深刻的底蕴,亦来自其需求。如果一定的客体能最大限度地、持久地满足主体需求,则人类对该客体可能产生信仰;反之,如果一定的客体根本不能满足主体的需求,那么该客体根本不可能成为主体的信仰对象。可见法律对民众需求的满足,是民众信仰法律的关键。法律首先被少数人信仰,然后才有可能扩展为被大多数人信仰。当参与司法活动的主体其纠纷得到解决,合法权益得到维护的时候,法律就能得到这些人的信仰。如此一来,也能影响其他公众,进而树立法律信仰。另一方面,从立法、司法、执法的角度唤醒群众的社会主体的自我意识和权利本位,让法律维护的社会权利激发公众对其的渴望,那么被需要的法律就将得到公众的认同,进而成为信仰的雏形。

2. 营造良好的司法氛围

第一,司法的非地方化。司法的非地方化的最关键的问题,就是要改变当前的司法财政供给地方化的问题。司法经费应避免直接从地方政府获取,而应由中央财政直接拨付,包括司法机关的业务活动经费、基本建设经费、装备费用、日常管理费用,以及司法机关人员的工薪和福利。按照"谁受益、谁负担"原则,这些费用的最终承担者还应该是地方政府。中央财政直接向地方政府收取以上司法经费,然后再支付给法院。司法经费,地方政府可以按照基数加浮动的方式缴纳。基数为保证本地司法运营的基本费用,如基础设施的维护费用等,浮动的部分可参照当地的案件数量确定。司法费用数额由中央财政直接确定。对于在实际运行过程中出现的费用短缺,由中央财政补助。除此之外,法院向当事人收取的诉讼费用也应从地方政府脱离出来,以免出现地方政府克扣此部分费用进而要挟法院的事情发生。

第二,建立和完善审判效率机制。纠纷的及时解决不但是公平正义的要求,还是社会主义市场经济的要求。在当前的形势下,提高司法公信力首先要提高法官的自身认识,树立良好的职业道德,积极做到司法为民。只有法官意识到司法效率的重要性,勤勉敬业,全身心地致力于履行司法职责时,才能提高司法的效率。另一方面,法院以及社会公众应加强对法官的监督,督促其积极履行职权,提高司法的效率。当前导致案件过多还有一个原因是其他纠纷解决手段不健全,导致大小案件一窝蜂涌向法院,致使本不丰富的司法资源不能满足当前的需要。多元纠纷解决机制的建立和发展将对司法效率的提高产生重要作用,同时在法律允许的范围将多元纠纷解决机制的解决结果与法院的强制执行结合起来,解决多元纠纷解决机制强制力不足的问题。发挥多元纠纷解决机制机动、灵活的特点,简化程序,使解决方式多样化,能够切实解决纠纷并发生实效。

第三,规范媒体对司法的监督。司法公开的一个主要途径就是媒体的公开报道,但是目前媒体的监督却存在一些负面的因素。对此,笔者认为可以从两个大的方面进行完善:从法院层面上讲,应摒弃排斥媒体监督的想法,摆正心态接受媒体的监督。改变以往遏制报道、炒作报道情形的发生,由之前的"堵"改为"疏",积极主动地将社会上比较关注的案件以及相关案件的判决书等可以公开的内容,按照法定的程序向媒体和社会公开,接受社会的监督。对于已判决的或者要公开的内容做好相关的解释说明工作,将晦涩的法律知识通过群众可以接受的表达方式传播,防止专业性过强而造成群众的不理解,并做好对群众的宣教工作。法院应畅通和媒体沟通的渠道,将比较有影响的案件的庭审过程、法律文书向媒体公开。法院应加强相关制度建设,可以设立新闻发言人,以便和媒体进行沟通和联系。需要注意的是,在与媒体的交往过程中应注意相关案件当事人的隐私权和国家机密的保护。在媒体的层面上,媒体应坚持良好的职业道德。做到以事实为依据,避免以偏概全、胡编乱造,确保新闻信息真实、准确、全面、客观传播。在坚持新闻自由原则的基础上,应把握新闻报道的度,对于没有做出判决的案件应注意影响,不能误导公众,同时防止给法官造成不当的舆论压力,影响案件的公正判决,防止媒体(舆论)审判。在对具体案件进行报道以及评论的过程中,要以事实为依据,处理好道德和法律之间的关系,做好法律的解释和宣传工作。平衡舆论监督与司法公开之间的关系。根据《法官职业道德基本准则》的规定,法官一般不接受新闻媒体采访,以保持中立公正的形象。此外,涉及国家机密、商业秘密、个人隐私和刑事审判中未成年人案件以及影响社会稳定的案件,不宜列入舆论监督范围,使舆论监督在法定范围内进行。

3. 构建科学的司法体制

第一,建设过硬的司法队伍。首先,建立法官选任制度司法制度的核心就是人,只有人才能将好的司法制度实施开来。法官在提高司法公信力方面发挥着关键的作用。目前我国法官的数量与实际需求有着巨大的缺口,加强法官的选任迫在眉睫。笔者认为法官的选任除了数量上的要求之外,对法官的德和才的考察也是不可或缺的。其次,完善法官继续教育制度。当前法官在具体适用法律的过程中,需要解决老的法官经验丰富但是法律知识以及条文更新不了的问题,另一个就是新法官了解新条文却不知如何付诸实践的问题。针对以上问题的解决手段,就是法官的再教育制度。法官继续教育的方式,一是参与内部的法官学院的培训;另一方面就是参与外部教育机构的培训。两者分别是为了解决不同的问题而设置的,一是为了解决实务问题;另一个是为了解决理论问题。两者不可偏废,应同时予以保障和实施。

第二,司法的非行政化。根据当前司法行政化的状况,其改变主要涉及两个方面,即上下级法院之间的关系和法院内部的关系。应淡化上下级法院之间的行政级别,及请示、汇报制度。法院之间的关系要么属于平行的关系,要么属于上诉和初审的关系。初审法院不论标的大小只接受一审案件,上诉法院则实行巡回制度,并按巡回所在地区接受上诉案件。如此一来就可以打破之前一审法院对案件的审理注重上级法院意思并请示的情况,巡回制度使得初审法院无法具体确定上诉法院,致力于提高办案质量。

　　破解司法行政化的另一个方面,就是法院内部机构的重置。司法独立的重要部分就是法官个人的独立,因此为解决司法行政化的问题,在法院内部对不同岗位的人员分情况处理。法院内部分为审判岗和非审判岗,在管理上相互独立,互不干扰。审判岗的人员全部为法官,没有级别,取消庭长、副庭长职位。法院设院长一人或数人负责非审判事务,不参与案件的审理。非审判岗位负责处理审判实务之外的事务,如案件的分配、庭审的记录,等等。非审判岗位可以行政化,但不得参与审判。为解决当前立案难的问题,建议立案实务由非审判岗位负责,对案件立案只审查形式要件,防止在立案过程中对案件进入审判程序的干涉。可以考虑取消当前的审判委员会,将司法审判的权力交由合议庭,解决审而不判的问题。

　　第三,完善人大监督制度。权力如果不受制约和监督,必然导致腐败。人大是我国的权力机关,其对人民法院的监督是十分重要的。人大不是由专业的法律工作者组成的,人大对法院的监督应坚持不影响司法独立的原则。应该明确是间接监督、整体监督、事后监督。

　　人大监督制度的完善应主要做到以下几个方面:一是建立和完善人大监督法院的制度,对法院监督的内容、方式、程序及机构等问题作出明确规定,避免以监督权代替审判权,损害司法公正和效率。二是取消人大对法院个案的监督,防止人大利用自身的地位影响法院的独立审判权。三是加强对法官选任的监督,主要是建立任前的考察和完善任后的罢免的机制。四是落实人大对法院工作报告的审议制度,增加工作报告通不过时的处罚措施。五是人大提高自身的监督能力,保证监督的质量。需要注意的是,人民代表大会应作为集体按照民主集中制原则依法行使监督。

　　第四,加强司法公开。媒体对法院的监督属于司法的被动公开,司法公开主要的还是要依靠法院自身的力量进行主动公开。最高人民法院分别于2007年、2009年出台了司法公开的相关规定,并于2010年出台了司法公开的标准,以保证司法的公开、透明。从程序上看,法院公开的内容包括立案公开、审判公开、执行公开三个大的方面。随着社会的发展和科技的进步,电子信息等渠道发展迅速,司法公开也应该适应社会的发展,拓展多种公开方式。比如,通过微博、网站等形式公开上述信息,为当事人提供方便。同时也应注意防止司法公开流于形式,注意信息的及时更新。继续完善司法文书公开,解决当前司法文书公开仅限于个别收费网站的情况,实现法律的指引、教育、预测和评价的功能。在情况允许的情况下,应开展案件审理进度的公开,以便于当事人了解相关信息并进行有效的监督。庭审公开的力度仍要加大。在永州一案发生之后,全国各地的法院都安装了门禁,并严格限制群众进入法院内部,导致旁听变得十分困难。因此,加强庭审公开的力度,以及采取其他合理的方式对庭审进行公开迫在眉睫,利用网络这一新兴媒体进行庭审直播将是一个不错的选择。在执行方面,建立拒不履行判决的当事人的信息公开机制,引导群众监督、举报老赖,确保判决能落到实处。除以上的审判公开之外,对法院自身机构设置、联系方式、办事指南等也需要进一步完善。更为重要的是,开辟新的渠道对法官的相关信息进行公开,以便群众对法院进行监督,督促司法权力在阳光下运行。

(四)案例分析

案例简介:2007年,李昌奎向王家提亲被拒,王、李两家因此埋下积怨。2009年5月,两家人又发生了争执,李昌奎在得知消息后,随即赶回老家,决定报复王家。2009年5月6日,李昌奎与王家飞发生争吵,继而扭打在一起,在此过程中李昌奎将王家飞掐晕,趁其昏迷之际又对其实施了强奸,而后又用锄头将其敲死。王家飞年仅三岁的弟弟王家红也没能幸免,无辜被害。案发后,李昌奎走投无路,被迫到派出所自首。

法院一审认为被告人李昌奎犯故意杀人罪、强奸罪,依法判处死刑,剥夺政治权利终身。二审认为原审裁判量刑过重。被告人李昌奎存在自首情节,可以依法从轻或减轻处罚。据此,判处李昌奎死刑,缓期二年执行。二审判决做出后在社会上引起了强烈的反响和各方的广泛议论。被害人家属更是不认同此判决,坚决要求一命还两命,誓为死去的王家姐弟讨回公道。随后,云南省高级人民法院决定另行组成合议庭对该案进行审理。再审认为,李昌奎已构成故意杀人罪和强奸罪,且犯罪手段特别残忍,犯罪情节恶劣,社会影响巨大,虽具有自首情节,但仍不足以从轻、减轻处罚。二审判决认定事实清楚,证据充足,程序合法,但存在着量刑不当的问题,应当依法判处李昌奎死刑,剥夺政治权利终身。后经最高人民法院核准,李昌奎被依法执行死刑,轰动一时的李昌奎案件至此告一段落。①

分析:

本案反映的问题:随着云南省高级人民法院二审的改判,李昌奎案再次被推向了风口浪尖,引发了各界的强烈不满和广泛的讨论。2011年7月6日,云南省高级人民法院召开媒体见面会回应称,二审判决是认真谨慎考量后的结果,其程序是合法的,不存在徇私舞弊,改判死缓是基于"少杀""慎杀"的刑事政策,且被告人具有自首情节,一切都是有法可依的,不存在黑幕。然而,仅仅过去几天,云南省高级人民法院终于顶不住外界对此案的巨大舆论压力,决定再审。8月22日,云南省高级人民法院改判李昌奎死刑。从二审到再审改判不过短短几个月的时间,动作之迅速以及前后态度之迥异在中国司法实践历史中都是非常少有的。但此处我们讨论的焦点并不是李昌奎到底该不该被判处死刑,也不是死刑在当前中国的存废问题,笔者所希望的是透过该案看到我国目前司法公信力的状况以及如何提升司法公信力。

老百姓不同于法律专业人士,其对司法的印象往往来源于具体的案件。案子公平、公正,百姓对司法的信任程度就会提升;反之,如果冤案错案频出,那么司法公信力自然就会下降。特别值得注意的是,司法公信力的培育,并非一朝一夕就能完成,司法公信力的培育不是一蹴而就的,相反,它需要漫长时间的积累;而摧毁公信力,就容易得多,只要几个典型错案,就会使司法公信力的大厦轰然倒塌,化为乌有。纵观本案,笔者认为有以下几个方面云南省高院处理得并不妥帖,以至于使自身陷入了尴尬,也影响了其司法公信力。

轻启刑事再审程序影响司法公信力:在召开媒体见面会的几天之后,云南省高院便决定对李昌奎案件进行再审,并很快做出了终审判决。这在我国的司法实践中是十分罕见的,即便像聂树斌那样已经明确知道出错的案件其再审也无此速度。审判监督程序的作用在于纠正审判中的错误,所以对其适用次数及提起次数都未做严格的要求和限制。在长期的司法实践中审判监督

---

① 百度百科:《李昌奎案》,https://baike.baidu.com/item/李昌奎案/90005297fx=aladdin。

程序对于纠正冤假错案,保障当事人的权利,实现公平正义也确实起到过不可磨灭的贡献,但任何事情都没有绝对的好与坏之分,再审程序亦不例外,它在坚持有错就改的正义追求之时,也使刑事判决的既判力陷入了效力不确定的尴尬中。

动态模块

八、专题询问：人大监督新亮色

专题询问作为全国人大监督工作中一个全新尝试，始见于2010年6月24日的十一届全国人大常委会第十五次会议分组审议国务院关于2009年中央决算报告。此后历经5年的摸索和完善，专题询问成为全国人大常委会监督工作中一种卓有成效的监督方式。

特别是新一届全国人大常委会组成以来，专题询问由尝试迈向常态，在"服务大局、关注热点、贴近民生、稳中有进"上取得了监督实效，不仅彰显出全国人大常委会与人民群众的心声"同频共振"，而且突显出专题询问在国家政治生活中的地位和影响力。

（一）制度保障专题询问的"刚性"

询问是人大监督的一种形式，是人大及其常委会行使职权的法定方式。依法做好询问工作，对于发挥人大议事制度和监督制度的效能具有重要作用。近年来，全国人大常委会每年选择若干重大问题开展专题询问，创新了询问制度，提高了审议质量，发挥了监督作用。

但专题询问也存在针对性不强、互动性不高、实效性不够等问题，需要进一步加以改进和完善。有的网友提出："要想不问白不问、问了不白问，有必要在监督法之外，再制定统一的实施办法，既明确问者的内容形式、程序规则，又要规定被问者的责任，这样才有望树立专题询问的法律权威。"

对于专题询问在实践中出现的问题和民众关切,党中央十分重视,在党的十八届三中全会决定中提出了做好相关工作,完善全国人大常委会专题询问的组织方式和工作机制,增强专题询问的针对性、互动性、实效性。

2015年4月,全国人大常委会办公厅制定了《关于改进完善专题询问工作的若干意见》,对进一步发挥专题询问的作用,丰富询问内容,改进询问方式,增强专题询问的针对性和实效性提出了具体举措。

(二)精心选题确保专题询问的时效性

回顾十二届全国人大常委会对专题询问的选题,从事关公众身体健康和生命安全的传染病防治工作,到关乎中国能否在2025年成为世界制造强国的职业教育法实施情况,每次专题询问无一不是社会热点问题,政府工作持续推进的重点内容。正所谓,当前人民群众最关心什么,全国人大常委会专题询问就问什么;人民群众对什么意见最集中,常委会组成人员就提出什么样的问题。

近年来,专题询问的选题之所以越来越有针对性和时效性,是因为意见要求选题要紧紧围绕贯彻落实中央关于全面深化改革和全面推进依法治国的任务举措,紧紧围绕关系改革发展稳定大局和群众切身利益、社会普遍关注和人民群众期待的重大问题,紧密结合人大代表提出的建议、批评和意见及人大各项工作中发现的突出问题,把涉及改革难度大、存在问题多、社会关注度高、关系群众切身利益的报告议案确定为专题询问的选题。全国人大相关专门委员会和常委会工作委员会要在调研、听取汇报等工作基础上,认真梳理出人民群众普遍关注的热点难点问题,并以适当方式征求人大代表、地方人大对专题询问的意见。意见还明确了在询问过程中,常委会组成人员的提问要抓住关键和要害问题,不回避矛盾,如对回答问题情况不满意,可以进一步深入询问。

这些内容和要求有效地避免了专题询问选题上过大过宽过空,使得监督工作涉及宏观问题多,具体问题少;一般性工作多,热点难点问题少,导致监督效果不明显,难以满足人民群众的诉求和期盼的问题,具有重要的规范和指导意义。

(三)落实审议意见增强人大监督实效

要切实增强人大监督的实效,就必须落实好专题询问提出的审议意见。《关于改进完善专题询问工作的若干意见》中明确要求,全国人大常委会办事机构应在专题询问结束后及时汇总整理《审议意见》,函送"一府两院"研究落实,并要求其在适当时限内向常委会书面反馈整改落实情况报告。全国人大相关专门委员会和常委会工作委员会应当对"一府两院"整改落实情况进行跟踪督查,对整改落实情况报告进行认真审议,并向常委会提出审议意见。必要时,可以建议将"一府两院"整改落实情况报告提请全国人大常委会会议审议,由常委会作出决议。如果多数常委会组成人员对应询部门的整改落实情况不满意的,可以要求相关部门继续整改并报送落实情况。

（四）委员长主持会议激发"活力"

时间回到 2013 年 8 月 28 日,十二届全国人大常委会第四次会议在人民大会堂举行联组会议,就传染病防治工作和传染病防治法实施情况进行专题询问。这是新一届全国人大常委会进行的首次专题询问。令人惊喜的是,全国人大常委会委员长张德江出席并主持会议,显示出委员长对该活动的重视和落实监督的决心。

张德江委员长亲自主持专题询问,并不时插话进行追问、点评,有意识地打破以往按部就班、一问一答的问答格局,可以极大地激发常委会组成人员参与的积极性和工作责任心,增强社会各界对专题询问的信心,也促使国务院及其有关部门提高对应询工作的重视程度和落实审议意见的力度,为进一步增强监督实效打下坚实的基础。

在张德江委员长率先垂范的引领,以及对专题询问逐渐熟悉下,新一届常委会委员们对专题询问的热情和主动性逐渐提高。在专题询问的通知发出后,部分委员或给工作机构发传真,或在分组会议上报名,发言询问的委员由自主报名产生。一些委员为了能够提出高质量的问题,事先进行大量调查研究,反复斟酌问题的角度和措辞。在专题询问中,提问的委员不回避矛盾,开门见山、直奔主题。与过去相比,委员们对应询部门的回答不满意时,会进行多次追问,现场更有不少委员和列席人员举手要求临时提问。

从委员长主持,到常委会委员们的积极发问,无不展现出常委会组成人员代表人民行使监督职权,想人民之所想、急人民之所急的高度责任感,使专题询问这一监督新方式成为新时期人大工作中一抹耀眼的亮色。①

---

① 于浩、梁国栋:《专题询问:人大监督新亮色》,载《中国人大》,2015 年第 15 期。

九、"最多跑一次"开启政务公开新篇章

(一)政务公开是建设法治政府的必然要求

2016年中央深改领导小组第二十次会议上,习近平总书记强调:"政务公开是法治政府建设的一项重要制度,要以制度安排把政务公开贯穿政务运行全过程,权力运行到哪里,公开和监督就延伸到哪里。"就在这次会议上,审议通过了《关于全面推进政务公开工作的意见》。今天,政务公开让公众更大程度参与政策制定、执行和监督。

将权力关进制度的笼子,在阳光下运行,政府要学会在法治的轨道上规范自己的行为。然而这只是改革的起点。政府的权力如何才能真正用好、让百姓有获得感?

在浙江省,群众和企业到政府办事"最多跑一次"的改革开始启动。所谓"最多跑一次",就是指群众和企业到政府办事,事先就可以从网上获知所需材料,即使涉及多个部门,也只需要到一个窗口,一次性办理,最多只要跑一次。

作为试点,衢州市行政中心先行破题。

公积金贷款是行政中心里一项最复杂的业务。过去,群众要跑七个部门开证明,往返十次,才能完成贷款审批。现在,改革给所有部门提出了明确的目标:一个窗口,一次办结。窗口背后,压力开始层层传导。所有的办事流程都公开,37个部门,涉及833个事项。为了减时间、减环节,政府向自己开刀,权力最大程度下放到了窗口,要想真正"最多跑一次",原本各自为政的数据信息必须打破壁垒,实现互联互通。而这并非易事。这样一个改革的背后,是一个巨大的化学反应。背后的故事是政府自身改革。就是以人民为中心,以老百姓、以企业办事便利为目标。在依法准确办事的基础上提高效率,用群众获得感丈量政府改革成效,在全面深化改革的进程中,一个科学高效、权力运行规范、责任主体明确的法治政府正在形成中。

(二)"放管服"改革进入新阶段

浙江是中国市场经济发展较为成熟的地区,是地方政府创新比较活跃的

地区,也是社会组织发育比较充分的地区。追求效率,历来是浙江政府管理的主题。为此,政府自身改革成为撬动其他领域改革的关键。

以行政审批制度改革为例,1999年,浙江省首开集中审批服务的先河,在绍兴上虞成立了全国第一家行政审批服务中心,成为行政服务中心体系的源头。2006年开始的第二轮审改,浙江省在全国率先出台"两集中、两到位"改革的指导意见,重点推进部门内部审批职能向行政审批处(科)室集中、行政审批处(科)室向行政审批服务中心集中,保障进驻行政审批服务中心的审批事项到位、审批权限到位。2009—2012年,浙江各地大力创新审批方式,探索出了并联审批、网上审批、模拟审批、形式审查等多种审批方式。

2013年开始,浙江审改再推进,围绕省委、省政府提出的"审批事项最少、办事效率最高、投资环境最优"的改革目标,以"四张清单一张网"为主线,致力于打造最简、最优、最高效的审批流程。四轮审改,浙江省以"集中场域、整合职能、再造流程、厘清边界"为目标,层层递进、逐级深入,分别回应了"哪里审批、谁来审批、怎么审批、要不要审批"等几个重要问题。

2017年底省政府开展"最多跑一次"改革,可以说是浙江"放管服"改革进入新阶段,体现了浙江政府改革的不断深化。

(三)做好政府改革的"四则运算"

"最多跑一次"新目标、新要求提出后,社会各界对这项改革寄予期望。结合中央提出的"放、管、服"三字方针,浙江在政府改革中应巧妙运用"四则运算",做足监管责任的"加法",做细政府权力的"减法",做好客户体验的"乘法",做对市场和社会成本的"除法",真正实现政府的自我革命。

发挥地方人大作用,深化清单制度改革,做细政府权力的"减法"。本届中央政府成立伊始,将"简政放权"作为新一轮改革的"先手棋"和"当头炮"。浙江凭借"四张清单一张网"领跑全国,以清单形式明确政府权力的边界,大大超越了过去从原则上界定政府与市场、社会关系的方式。然而,在个别地方清单制度并未很好地落到实处,有的只对事权做减法,那些"含金量高"的权力则仍然把握在自己手中,并没有真正抽掉束缚市场与社会的"细铁丝"。因此,深化清单制度改革势在必行。下一步的改革,要统一清单制度中的关键词,明确政府权力的分层、分类标准,为各级政府及其部门切实有效梳理权力提供合理的方法论支撑。在此基础上,充分发挥地方人民代表大会的职能,切实按照发挥市场在资源配置中的决定性作用、发挥社会在社会治理中的基础性作用的原则,根据法律、法规与规章制度,复查、核查辖区内政府的行政管理权力,尽可能减少政府对资源的直接配置,放松政府对社会事务的管控,建立健全分层次、分类别、立体式的清单体系;被赋予地方立法权的城市,还可以尝试以法律形式确定清单,提高清单的有效性和约束力,做足政府权力的"减法"。

建立追溯制度,完善信用体系,做足监管责任的"加法"。在过去两年中,浙江各地围绕商事登记制度、社会组织登记管理制度、"双随机、一公开"等改革,在放宽准入、加强事中事后监管等方面,做出了诸多尝试和努力。然而,由于监管改革相对滞后,一些地方出现了不同程度的事中事后"脱管"情况。因此,下一步的改革应严格按照"谁审批、谁监管,谁主管、谁监管"的原则,以地方立法或者规范性文件的形式,确定责任归属,建立追溯制度。同时,健全配套的问责机制,切实做到"谁监管、问责谁"。针对涉及多个部门的市场和社会行为,可以考虑设置监管责任目录,以百分比形式明确各部门的责任比例。此外,进一步完善信用体系,以"信用浙江"建设为载体,在国家企业信用信息公示系统的基础上,融入社会组织与公民个人的信用数据,尝试建立统一、公开的信息平台,还可考虑推行信用积分、信用分级、黑名单制度等,给信用评价良好的市场主体和社会组织以政务服务上的更多便捷,不仅保证"最多跑一次",甚至可以实现"上门服务",而对于信用评价较差的市场主体和社会组织,则列入黑名单,剥夺其享受"最多跑一次"服务的权利。通过正向激励和反向惩罚相结合的方式,倒逼市场主体和社会组织实现行为自律。

融合"互联网+",创新服务方式,做好客户体验的"乘法"。浙江是全国较早开展"互联网+政务服务"实践的省份。2014年6月,联动全省各级地方政府与部门的一站式政务平台——浙江政务服务网正式上线,"电子政务"开始向"电子治理"转型。该平台融合行政审批、便民服务、阳光政务、数据开放等四大功能,部分审批和服务实现了"零上门"。然而,时至今日,对于许多可以在线办理或在线咨询的事务,不少民众仍然习惯于"跑"部门。政务服务网的知晓率低、使用率低,表面上看是宣传力度不到位的问题,而从深层次分析,可以看到其症结在于政府的互联网意识和服务意识不足。下一步,各级政府应主动出击,重塑互联网意识,以"互联网+"作为方法论,创新在线服务方式,鼓励和带动市场主体、社会组织与公民个人优先运用互联网思维,促进"互联网+政务服务"与"政务服务+互联网"的良性互动,逐步形成"政务服务先上网"的良好氛围,让那些沉睡的"零上门"服务有效地运转起来,实现客户体验的"乘数效应"。

突破部门主义,树立客户意识,做对市场、社会成本的"除法"。就某一特定项目来说,即便是所有组成事项都能实现快速、高效,一旦流通环节停滞了,"最多跑一次"的目标就可能落空。因此,后续改革必须超越部门主义,进一步推进部门联动,以常见项目为单位,补齐短板,化零为整,实现"场域整合"向"功能整合"的重大转变。具体来说,应该从源头上重新梳理政务服务,遵循"客户导向"的逻辑,以市场、社会与公民个人的需要出发,反推其所需的政务服务,整合服务类目,明确牵头部门。对于确需实际到场办理的项目,应将其中涉及现场办理的事项尽可能地集中、前置、归并,可以考虑建立常见项目一站式服务窗口、绿色通道等,变"民众跑"为"部门跑""数据跑"。同时,在重构政务服务类目以后,逐一进行流程模拟,保证"一次办结",做对市场成本与社会成本的"除法"。

必须指出的是,效率并非政府追求的最高价值,社会公平正义才是政府行为的最高价值。推进"最多跑一次"改革,既要有壮士断腕之勇气,也不能忘却政府存在之初心,我们需要时刻将增进人民福祉、促进公平正义作为政府改革的出发点和归宿点,以高涨的热情和冷静的头脑,探索提升政府效率这一世界性难题的浙江经验。①

十、凝心聚力 开创统一战线事业新局面②

党的十八大以来,以习近平同志为核心的党中央站在党和国家工作全局的战略高度,把统一战线融入治国理政新理念新思想新战略之中,召开一系列

---

① 郁建兴:《"最多跑一次"开启政府自我改革新篇章》,载《今日浙江》,2017年第5期。
② 摘编于马克思主义理论研究和建设工程重大实践经验总结课题组:《凝心聚力 开创统一战线事业新局面——深入学习习近平总书记关于统一战线的重要思想》,载《求是》,2017年第19期。

重要会议,出台一系列法规文件,作出一系列决策部署,指导统一战线事业进入一个新的发展阶段,形成了团结、奋进、开拓、活跃的良好局面,为推进中国特色社会主义事业作出了新的贡献。

(一)新时期统一战线事业的科学指导和行动指南

习近平总书记指出:"人心向背、力量对比是决定党和人民事业成败的关键,是最大的政治。统战工作的本质要求是大团结大联合,解决的就是人心和力量问题。"[①]这是我们党治国理政必须花大心思、下大力气解决的重大战略问题。这不仅深刻回答了为什么我们党在强大了、执政后仍然需要统一战线的问题,而且讲清了统一战线与新的历史时期我们党带领全国人民进行伟大斗争、建设伟大工程、推进伟大事业、实现伟大梦想的内在关系,从根本上确立了统一战线不可替代的战略地位。

做好新形势下统战工作必须正确处理一致性和多样性的关系。坚持和发展中国特色社会主义、实现中华民族伟大复兴中国梦是统一战线的共同思想政治基础。统一战线建立在共同思想政治基础之上,在一致性基础上又具有多样性特征。习近平总书记在深刻把握这一特征基础上,提出正确处理一致性和多样性的关系,关键是坚持求同存异,强调对于一切违背和削弱这个思想政治基础的言行,必须旗帜鲜明地反对,这是政治底线,不能动摇。同时,要充分发扬民主,尊重包容差异。只要把政治底线这个圆心固守住,包容的多样性半径越长,画出的同心圆就越大,就越能实现最广泛的大团结大联合。

统一战线着眼于"三个服务"。习近平总书记着眼新的形势,提出统战工作的主要任务是:积极促进政党关系、民族关系、宗教关系、阶层关系、海内外同胞关系和谐,巩固和发展最广泛的爱国统一战线,为实现"两个一百年"奋斗目标、实现中华民族伟大复兴的中国梦服务,为维护社会和谐稳定、维护国家主权安全发展利益服务,为保持香港和澳门长期繁荣稳定、实现祖国完全统一服务。"三个服务"进一步明确了在统筹推进"五位一体"总体布局、协调推进"四个全面"战略布局中,统一战线工作的任务要求和着力重点。

---

① 中共中央宣传部:《习近平总书记系列重要讲话读本》,北京:学习出版社、人民出版社,2016年,第173页。

做好新形势下统战工作必须讲究方法,必须"善于联谊交友"①。习近平总书记强调,统战工作具有很强的政治性,是党的特殊群众工作,要有特殊的方式方法,讲求很强的工作艺术。他提出与党外人士联谊交友是统战工作的重要方式,不能做快餐,而是要做"佛跳墙"这样的功夫菜;要把新的社会阶层人士组织起来,建立经常性联系渠道,引导其政治观点,增进其政治认同;要重视和解决同盟者政治利益、具体利益,尽心竭力帮助他们解决实际问题。同时,强调统战工作要增强法治观念,提升法治思维。

这些工作方法有很强的现实针对性和可操作性,对密切党与党外人士联系,深化党与党外人士团结合作,提升统战工作效能,具有重要指导意义。

(二)统一战线事业开启新阶段

党的十八大以来,统一战线着眼于服务党和国家工作大局,紧紧围绕团结合作凝聚广泛共识,围绕重大决策部署献计出力,围绕维护社会和谐稳定贡献力量,为推进中国特色社会主义事业、实现中华民族伟大复兴的中国梦,发挥了独特作用。

推动统一战线成员开展主题教育活动,增强"四个自信"。一是与学习贯彻中央精神相结合,及时向党外人士通报习近平总书记系列重要讲话精神和中央重要会议、文件,把思想和行动统一到党中央的决策部署上来。二是与重大纪念活动相结合,使"不忘合作初心、继续携手前进"成为共同追求。三是与发挥作用相结合,支持统一战线成员通过多种形式做好协调关系、理顺情绪、化解矛盾、增进团结的工作。同时,在各民主党派、无党派人士中开展坚持和发展中国特色社会主义学习实践活动,在新的社会阶层人士和党外知识分子中深入开展践行社会主义核心价值观主题活动,在非公有制经济人士中开展理想信念教育实践活动,统一思想、凝聚共识,极大地增强了统一战线成员对中国特色社会主义的道路自信、理论自信、制度自信、文化自信。

聚焦党和国家中心工作,深入开展凝心聚力"十三五"行动。党的十八大以来,中央统战部聚焦党和国家中心工作,充分发挥统一战线人才智力优势,

---

① 中共中央宣传部:《习近平总书记系列重要讲话读本》,北京:学习出版社、人民出版社,2016年,第174页。

支持民主党派、工商联和无党派人士就完成"十三五"规划等重大部署、重要任务、重点问题开展专题调研、提出对策建议。建立民主党派中央直接向中共中央提出意见建议的"直通车"制度。五年来,各民主党派中央向党中央、国务院报送意见建议496件,许多意见建议得到采纳,被上升为国家战略和重大政策。同时,充分发挥统一战线资源丰富的优势,引导统战成员参与毕节试验区、黔西南试验区建设,鼓励非公有制经济人士积极参与"万企帮万村"精准扶贫行动,支持民主党派中央对口8个省区开展脱贫攻坚民主监督工作,推动当地经济社会发展和民生改善,取得了良好社会效益。

破解民族宗教领域重点难点问题,促进社会和谐稳定。各级统战部门和民族宗教部门充分发挥民族宗教工作在促进社会和谐稳定中的积极作用,抓住少数民族流动人口管理、依法处置非法宗教活动、抵御境外利用宗教渗透等影响民族和谐、宗教和顺的关键问题,全力以赴守好和谐稳定的前沿阵地,以统一战线各领域的和谐稳定促进全社会的和谐稳定。

拓展统战工作视野,实现最广泛团结联合。随着所有制形式、思想观念、社会阶层更加多样,新的社会群体不断涌现,成为统战工作团结联合的重要对象。统一战线把新的社会阶层人士、留学人员等群体作为统战工作新的着力点,不断拓宽工作视野,巩固和扩大党的群众基础;重视港澳台海外青年一代工作、专业人士群体工作,努力把方方面面的力量都团结起来,实现最广泛的大团结大联合。

构建大统战格局,推动形成统战工作合力。中央统一战线工作领导小组成立后,研究、协调指导和督促检查统一战线贯彻落实中央重大方针政策和法律法规等情况,对照政策要求细化了54项重点任务,并于2016年组织开展了党中央关于统一战线一系列重大决策部署贯彻落实情况的调研检查,推动解决了一批重点难点问题;各成员单位和相关部门按照各自任务分工,各司其职、各负其责,相互协作、密切配合,有力地推动了各级各部门各领域统战工作的开展,形成了全党重视、全社会参与的良好局面。

(三)新形势下做好统战工作的经验启示

党的十八大以来,在习近平总书记系列重要讲话精神和党中央治国理政新理念新思想新战略科学指引下,统一战线事业蓬勃发展,积累了丰富经验,带来了深刻启示。

必须坚持党的领导,这是统一战线理论创新和实践创新的根本保证。坚持党的领导,是做好统一战线工作的第一原则和根本保证。

必须坚持真抓实干、坚决贯彻落实中央要求,这是统一战线围绕中心、服务大局的有力支撑。统一战线以踏石留印、抓铁有痕的精神,不折不扣落实中央决策部署,坚决做到中央有要求,统一战线有回应;党和国家大局在哪里,统一战线就跟进到哪里;中央有部署,统一战线有落实,在落实中彰显新作为。

必须增强问题意识、解决重点难点问题,这是推动党的统战事业不断前进的重要路径。统一战线始终瞄准问题发力,集中力量攻关,做到哪里有问题就到哪里调研,什么问题突出就解决什么问题。通过广泛深入的调查研究,针对问题寻找应对之策,推动解决了一大批制约统战工作发展的问题,研究制定了一系列配套文件,畅通了体制机制,拓展了发展空间,统一战线事业不断稳步前进。

必须突出创新思维、以改革创新精神推进工作,这是做好统战工作的有效方法。随着时代的发展和实践的变化,统一战线自身也发生了许多深刻变化,这在客观上要求统战工作的方式方法必须随之改变。统一战线各个领域大胆探索、勇于创新,形成了工作的新思路、新举措、新方法,既有工作理念的创新,也有工作方式方法的创新;既有工作载体和平台的创新,也有体制机制的创新,从而推动统一战线工作在创新中实现了新发展,开创了新局面。

必须尊重统一战线成员的主体作用和创造活力,这是统一战线充分发挥作用的关键。要充分发挥统一战线在党和国家大局中的作用,必须充分调动统一战线广大成员的积极性、主动性、创造性,有效推动统一战线成员自觉投入中国特色社会主义建设大潮中贡献智慧和力量。

党　建　篇

常 规 模 块

党的十九大报告明确指出,伟大斗争、伟大工程、伟大事业、伟大梦想,紧密联系、相互贯通、相互作用,其中起决定性作用的是党的建设新的伟大工程。在新时代中国特色社会主义的伟大实践中,只有不断加强党的建设,才能确保党在世界形势深刻变化的历史进程中始终走在时代前列,在应对国内外各种风险和考验的历史进程中始终成为全国人民的主心骨,在坚持和发展中国特色社会主义的历史进程中始终成为坚强领导核心。①

一、党的建设"伟大工程"发展的历史逻辑

高度重视并不断加强党的建设,是中国共产党从小到大、由弱到强,在挫折和困境中奋起、在战胜艰难险阻中不断走向成熟的重要经验,也是党领导的伟大事业不断取得胜利的根本保证。

党的建设的实践空间是由历史逻辑决定的。早在马克思主义经典作家那里,就已经开始对无产阶级政党的建设进行理论思考和实践探索。中国共产党成立后,创造性地运用马克思列宁主义的党建理论,明确提出党的建设是一项"伟大的工程",并探索出思想建设、组织建设、作风建设的党建布局。改革开放以来,党根据时代条件和实践要求的变化,紧紧围绕建设什么样的党、怎

---

① 习近平:《决胜全面建成小康社会 夺取新时代中国特色社会主义伟大胜利——在中国共产党第十九次全国代表大会上的报告(2017年10月18日)》,北京:人民出版社,2017年,第17页。

样建设党这一重大问题,不断加强党的建设,最终形成"五位一体"的党建总体布局。党的十八大以来,面对充满机遇和挑战的内外环境,面对实现"两个一百年"奋斗目标、实现中华民族伟大复兴的历史使命,党提出坚持和加强党的全面领导,将全面从严治党推向纵深,突出政治建设的统领地位,加强纪律建设,在党的十九大上明确新时代党的建设总要求,正式形成了"5+2"七大建设的党建总体布局,为新时代推进党的建设新的伟大工程指明了路径和方向。

（一）马克思列宁主义党建理论是中国共产党进行自身建设的重要理论支撑

马克思主义党建理论产生于19世纪40年代的欧洲,当时西方资本主义正处于自由发展阶段,社会经济政治特别是工人运动的发展,为这个理论的形成提供了历史条件。1848年,《共产党宣言》的公开发表,标志着马克思主义的正式诞生,也标志着马克思主义党建理论的创立。在之后建立无产阶级政党的实践活动中,马克思、恩格斯写下大量论著,科学阐述党的建设的一系列基本问题,例如:提出建立无产阶级政党的必要性,阐明共产党的性质和特征,确立无产阶级政党组织活动和党内生活的基本原则,制定无产阶级政党的纲领和策略,等等。这些党的建设基本理论框架的构建,为世界上第一批无产阶级政党的创立和建设指明了方向,也成为中国共产党进行自身建设的重要理论来源。

列宁领导的布尔什维克则在本国革命历程中实践并丰富了马克思主义党建理论。列宁的党建思想形成于19世纪末20世纪初的俄国,当时的资本主义已经发展到帝国主义阶段,无产阶级与资产阶级的阶级对立空前尖锐。列宁在领导俄国无产阶级夺取政权以及建设社会主义的实践中,提出了无产阶级执政党建设的理论,为马克思主义党建理论做出贡献。列宁的党建思想是把马克思、恩格斯的党建理论与俄国革命及社会主义建设实践相结合,解决了建立和巩固新型无产阶级政党的一系列问题,推动了世界社会主义运动的发展,对中国共产党在经济文化落后的东方国家中建立起来具有启示意义。

（二）新民主主义革命和社会主义建设时期党的"三大建设"布局的开创

1921年7月,中国共产党成立。在夺取新民主主义革命胜利的过程中,在新中国成立后的社会主义建设过程中,以毛泽东为核心的党的第一代中央领导集体深刻认识到党的建设的重要性,把马克思列宁主义的党建理论与中国革命、建设的实际紧密结合,创造性地提出党的建设是一项"伟大的工程",并探索出思想建设、组织建设、作风建设的党建布局,在实践中取得许多经验。

以毛泽东为核心的党的第一代中央领导集体成功解决了在无产阶级人数很少而战斗力很强、农民和其他小资产阶级占人口大多数的国家,建设一个具有广泛群众性的、马克思主义的无产阶级政党这一极其艰巨的任务。毛泽东极其重视从思想上建设党,把思想建设放在党的建设的首位。毛泽东提出,党员不但要在组织上入党,而且要在思想上入党。1942年,他在延安文艺座谈会上的讲话中再次强调思想入党的重要性,提出"首先需要在思想上整顿,需要展开一个无产阶级对非无产阶级的思想斗争"①的方针。1945年党的七大召开,正式把毛泽东思想写入党章,成为我们党的指导思想,形成思想建设的高潮。与此同时,毛泽东也十分强调组织建设,他指出:"党的组织,是掌握统一战线和武装斗争这两个武器以实行对敌冲锋陷阵的英勇战士。"②在此后的抗日战争中,由于重视组织规模和组织纪律,党的组织建设迎来了新发展,为抗战胜利奠定坚实基础。党的七大上,明确了符合党自身实际的民主集中制组织原则。新中国成立后,中国共产党从革命党转变为执政党,为调动建设社会主义的积极因素,毛泽东继续重申组织建设问题。作风建设同样被摆在党的建设的突出位置上。毛泽东指出,理论和实践相结合的作风,和人民群众紧密联系在一起的作风,以及自我批评的作风,是中国共产党区别于其他任何政党的显著标志。在延安整风运动中,毛泽东提出"惩前毖后、治病救人"的正确方针,并创造了通过批评与自我批评来开展马克思列宁主义思想教育的整风形式。新中国成立前后,毛泽东更是多次强调务必使同志们继续地保持谦虚、谨慎、不骄、不躁的作风,务必使同志们继续地保持艰苦奋斗的作风;要求全党警惕资产阶级思想的侵蚀,反对脱离群众的官僚主义。

由此可见,在新民主主义革命和社会主义建设时期,中国共产党注重吸收马克思主义党建理论,结合中国革命、建设的具体实际,基本确立了思想建设、组织建设、作风建设"三大建设"的整体布局,三者密不可分、相互联系,为马克思主义党建理论增添了新的内容,为中国共产党的自身建设指明了正确方向。

---

① 毛泽东:《毛泽东选集》第3卷,北京:人民出版社,1991年,第875页。
② 毛泽东:《毛泽东选集》第2卷,北京:人民出版社,1991年,第613页。

（三）改革开放以来党的建设得到进一步重视和加强

随着中国进入改革开放新的历史时期，以邓小平为核心的中央领导集体清醒认识到，建设中国特色社会主义，关键在于坚持、加强和改善党的领导；作为执政党，中国共产党肩负历史重任、面临时代考验，必须不断加强自身建设，尤其是党的制度建设。随着时代朝前发展，以江泽民、胡锦涛为总书记的党中央继续推进党的建设新的伟大工程，并最终形成了思想建设、组织建设、作风建设、反腐倡廉建设、制度建设"五位一体"的党建总体布局。

加强党的建设，是中国共产党领导人民取得革命、建设一个又一个胜利的重要法宝。在新的历史时期，邓小平强调，要发扬优良传统，聚精会神地抓党的建设，"把我们党建设成为有战斗力的马克思主义政党，成为领导全国人民进行社会主义物质文明和精神文明建设的坚强核心"①。在密切联系党的政治路线，不断加强党的思想建设、组织建设、作风建设的同时，邓小平高度重视党的制度建设。1980 年，邓小平在《党和国家领导制度的改革》的讲话中指出："制度好可以使坏人无法任意横行，制度不好可以使好人无法充分做好事，甚至会走向反面。"②他指出："领导制度、组织制度问题更带有根本性、全局性、稳定性和长期性。"③这是邓小平根据政党建设的规律以及改革开放带来的经济社会发展的新要求，探索出的制度建党的新路径，是对党的建设进行的新思考，使党的制度建设进入新的历史阶段。

党的十三届四中全会之后，面对风云变幻的国际局势，面对波澜壮阔的改革开放和现代化建设进程，以江泽民为总书记的党中央继续推进党的建设新的伟大工程。围绕建设什么样的党、怎样建设党的问题，江泽民进行了长期深入的思考并提出"三个代表"重要思想，强调中国共产党必须始终代表中国先进生产力的发展要求，代表中国先进文化的前进方向，代表中国最广大人民的根本利益。江泽民指出，要从新的实际出发，研究解决党的建设面临的重大理论和现实问题。在 2002 年党的十六大上，江泽民在报告中明确指出："一定要把思想建设、组织建设和作风建设有机结合起来，把制度建设贯穿其中。"这一

---

① 邓小平：《邓小平文选》第 3 卷，北京：人民出版社，1993 年，第 39 页。
② 邓小平：《邓小平文选》第 2 卷，北京：人民出版社，1994 年，第 333 页。
③ 邓小平：《邓小平文选》第 2 卷，北京：人民出版社，1994 年，第 333 页。

论断顺应了执政实践变化所带来的党的建设新维度,有效指导了社会主义市场经济条件下党的自身建设的新实践,标志着思想建设、组织建设、作风建设、制度建设"四位一体"的党建新布局正式形成。

党的十六大之后,面对新世纪新阶段的新情况,以胡锦涛为总书记的党中央提出科学发展观。在党的建设领域,则要求以改革创新精神全面推进党的建设新的伟大工程,全面提高党的建设科学化水平。胡锦涛指出,要通过加强党的执政能力建设,不断提高科学执政、民主执政、依法执政的水平,从而完善党的执政方略、健全党的执政体制、巩固党的执政地位;要通过加强党的先进性和纯洁性建设,尤其是反腐倡廉建设,更好地应对新形势下党面临的"四大考验"和"四种风险",提高党拒腐防变和抵御风险的能力。2012年,胡锦涛在党的十八大上明确提出思想建设、组织建设、作风建设、反腐倡廉建设、制度建设"五位一体"的党的建设总体布局。这是对党的执政环境、执政规律的新的把握,有效回应了形势的发展、事业的开拓、人民的期待。

(四)新时代党的建设在理论和实践上的创新

党的十八大以来,以习近平总书记为核心的党中央在推进党的建设新的伟大工程、领导全面从严治党的实践中,提出了一系列党的建设新思想新观点新论断,形成了习近平党建思想。习近平党建思想,是习近平新时代中国特色社会主义思想的重要组成部分,既贯穿马克思主义的立场、观点和方法,又紧密结合新时代党的建设面临的实际问题,对马克思主义党建理论进行了继承和发展,作出了具有原创性的重大贡献,为新时代全面加强党的领导和党的建设提供了理论遵循和行动指南。

习近平党建思想,创造性地提出"中国特色社会主义最本质的特征是中国共产党领导,中国特色社会主义制度的最大优势是中国共产党领导"[1],第一次从党的领导的角度阐明了中国特色社会主义质的规定性;创造性地提出"勇于自我革命,从严治党管党,是我们党最鲜明的品格"[2],深刻回答了新时代如何

---

[1] 习近平:《决胜全面建成小康社会 夺取新时代中国特色社会主义伟大胜利——在中国共产党第十九次全国代表大会上的报告(2017年10月18日)》,北京:人民出版社,2017年,第20页。
[2] 习近平:《决胜全面建成小康社会 夺取新时代中国特色社会主义伟大胜利——在中国共产党第十九次全国代表大会上的报告(2017年10月18日)》,北京:人民出版社,2017年,第26页。

保证党的先进性和纯洁性这一重大课题;创造性地提出"党的政治建设是党的根本性建设,决定党的建设方向和效果"[①],把党的政治建设摆在首位,抓住了党的建设的关键环节;创造性地提出"思想建设是党的基础性建设"[②],用习近平新时代中国特色社会主义理论武装全党,坚定理想信念;创造性地提出"建设高素质专业化干部队伍"[③],为造就政治过硬、本领高强的新时代好干部队伍提供了基本标准;创造性地提出"加强基层组织建设"[④],以提升组织力为重点推进党的基层组织成为坚强战斗堡垒;创造性地提出把党的纪律建设纳入党的建设总体布局,把纪律建设作为全面从严治党的治本之策;等等。

习近平党建思想,是中国化马克思主义党建理论的最新成果。一系列党建理论的重大创新指导着实践的深化,深刻回答了新时代新的历史条件下继续推进党的建设新的伟大工程所面临的一系列根本性问题。只有毫不动摇坚持和完善党的领导,毫不动摇把党建设得更加坚强有力,才能确保我们党团结带领人民进行伟大斗争、推进伟大事业、实现伟大梦想,才能不断开创新时代党的建设新局面。

二、党的建设面临的新课题新考验

当前,国际国内形势发生的深刻变化对执政党——中国共产党提出了更高更新的要求。面对风云变幻的国际形势,面对艰巨繁重的国内改革发展稳定重任,中国共产党要团结带领人民在新的历史起点上坚持、完善和发展中国特色社会主义,必须经受"四大考验"、克服"四种危险",增强"四个意识"。

(一)世情、国情、党情深刻变化

20世纪80年代末以来,尽管我们所面临的时代主题和主要任务没有发生

[①] 习近平:《决胜全面建成小康社会 夺取新时代中国特色社会主义伟大胜利——在中国共产党第十九次全国代表大会上的报告(2017年10月18日)》,北京:人民出版社,2017年,第62页。
[②] 习近平:《决胜全面建成小康社会 夺取新时代中国特色社会主义伟大胜利——在中国共产党第十九次全国代表大会上的报告(2017年10月18日)》,北京:人民出版社,2017年,第63页。
[③] 习近平:《决胜全面建成小康社会 夺取新时代中国特色社会主义伟大胜利——在中国共产党第十九次全国代表大会上的报告(2017年10月18日)》,北京:人民出版社,2017年,第64页。
[④] 习近平:《决胜全面建成小康社会 夺取新时代中国特色社会主义伟大胜利——在中国共产党第十九次全国代表大会上的报告(2017年10月18日)》,北京:人民出版社,2017年,第65页。

根本性的改变,但是国际、国内和党内的情况都发生了重大的变化,党所处的地位和环境、党所肩负的历史任务、党的自身状况,都出现了许多新的情况。

第一,世情的变化。就国际局势来讲,当今世界正处在大发展大变革大调整时期。一是经济全球化的深入发展,全球范围配置生产要素以空前的速度和规模秩序发展,各国经济相互依赖、相互联系的程度日益加深。二是世界多极化趋势进一步加强,随着东欧剧变,世界最大的社会主义国家苏联的解体,世界政治格局由两极世界演变成"一超多强"的政治格局,但新兴大国继续保持崛起势头,联合自强的意识增强,世界多极化向前推进的态势不会改变。三是科学技术酝酿新突破,从全球范围来看,科学技术越来越成为推动经济社会发展的主要力量,创新驱动战略竞争在综合国力中地位日益突出。四是信息技术特别是互联网影响深远,互联网日益成为创新驱动发展的先导力量,深刻地改变着人们的生产方式、生活方式、思维方式,社会信息化和经济全球化所带来的商品流、信息流、技术流、人才流、文化流,汹涌而来,势不可挡。五是世界范围内各种思想文化交流交融交锋更加频繁,国际思想文化领域斗争依然深刻而又复杂。六是攸关人类共同命运和经济社会可持续发展的全球性问题日益突出,全球发展不平衡加剧,霸权主义和强权政治又有新的表现,恐怖主义、分裂主义、极端势力这"三股势力"危害上升,一些地区的冲突和争端时起时伏,世界还很不安宁。粮食不足、资源短缺、能源紧张、环境恶化、气候异常、人口膨胀、贫困、疾病流行、经济危机等诸多全球性难题,对人类发展构成严重威胁。

总之,世界局势发生的深刻变化,要求执政党准确把握世界发展大势,跟上世界潮流,敏锐把握世界形势中出现的新机遇、新挑战,冷静处理新矛盾、新问题,提高应对国际局势和处理国际事务的能力。

第二,国情的变化。就国内形势来讲,我们在胜利实现了现代化建设"三步走"战略前两步走目标以后,进入全面建成小康社会、实现中华民族伟大复兴新的发展阶段,中国发展呈现出一系列新的阶段性特征:一是我国生产力水平大幅度跃升,经济实力显著增强,经济总量已居世界第二位,但生产力总体水平还比较低下,高投入、高消耗、偏重数量扩张的发展方式已经难以为继,创新能力不足。二是社会主义市场经济体制已经建立,同时尚未建立健全系统完备、科学规范、运行有效的制度体系。三是人民生活水平显著提高,总体上达到小康水平,但贫困人口和低收入人口仍有相当数量。2015年9月24日,习近平在美国西雅图发表演讲时提到,"中国仍然是世界上最大的发展中国家",按照我们自己的标准,中国还有7 000多万贫困人口。如果按照世界银行标准,中国则还有两亿多人生活在贫困线以下。"①在全面建成小康社会的历史时期,确保贫困人口到2020年如期脱贫,任务繁重。四是社会主义民主和法治建设顺利推展,同时民主法治建设中仍存在有法不依、违法不究、执法不严等现象,这与推进国家治理体系和治理能力现代化目标还存在差距。五是社会主义文化更加繁荣,同时人民精神需求日益旺盛,人们思想活动的独立性、多样性、选择性、变化性对社会主义先进文化提出了更高要求。六是社会活力显著增强,同时社会经济成分、组织形式、就业方式、利益关系和分配方式日益多样化,使社会建设和社会治理面临诸多问题。六是生态文明建设取得了重大进展和积极成效,同时我国发展面临着越来越突出的资源环境约束,人民群众对良好生态环境的要求越来越迫切。

这些阶段性特征和趋势性变化是中国发展过程中矛盾和问题的突出表现,中国共产党能否深刻把握这些阶段性特征和趋势性变化,积极应对前进中出现的矛盾和问题,直接关系到中国经济社会的长远持续健康和谐发展。

第三,党情的变化。就中国共产党内的情况而言,党的地位和执政环境发生了深刻变化,中国共产党历经革命、建设和改革,已经从领导人民为夺取全国政权而奋斗的党,成为领导人民掌握全国政权并长期执政的党;已经从受到外部封锁和实行计划经济条件下领导国家建设的党,成为实行对外开放和发展社会主义市场经济条件下领导国家建设的党。党的队伍发生了重大的变化,党员的数量大幅度增加,已经由当初一个50多人的小党发展到现在拥有8 900多万党员的大党;党员的构成也发生了变化,由改革开放前,工人阶级、农民阶级和知识分子阶层构成党的阶级基础,随着经济社会结构的变迁,新出现的社会各阶层中的先进分子、各类"两新"组织(新经济组织、新社会组织)中的

---

① 据2014年国家统计局的统计监测公报数,我国还有7 017万现行标准下的贫困人口。

先进分子不断加入党组织中,使党的阶级基础和群众基础更加巩固。同时党员绝对数与比例增加过快,出现少部分党员入党动机不纯、作风不硬、纪律不严,影响党员整体质量。干部队伍新老交替不断进行,一大批年轻干部走上领导岗位,既给党的发展带来了新的活力,也提出了新的课题。

(二)党的建设面临的"四大考验"

在世情国情党情发生深刻变化的情况下,党的建设面临许多前所未有的新情况新问题新挑战,面临一系列长期的、复杂和严峻的考验。

一是执政考验。无产阶级夺取政权不易,执掌好政权,尤其是长期执政更为不易。世界上一些大党、老党、执政党失去执政地位甚至消亡的教训值得警醒。在全面深化改革的关键时期,中国共产党作为执政党面临的挑战前所未有,如何坚持以经济建设为中心,抓住执政兴国的第一要务,促进经济持续发展;面对社会主义民主政治深入发展,如何实现科学执政、民主执政、依法执政,做到长期执政而不变质;在多元开放的社会情境中,面对人们思想活动的多样性、变化性、选择性日益增强,如何巩固马克思主义在意识形态的指导地位,在全社会培育和践行社会主义核心价值观;面对资源紧缺、雾霾天气日趋频繁的严峻形势,如何正确处理经济发展和环境保护的关系,实现中华民族的永续发展等,所有这些都对中国共产党的长期执政提出了严峻考验。

二是改革开放考验。我国改革开放取得了巨大成就,但当前我国改革进入了攻坚区和深水区,一些好改的领域容易改的体制都已经改了,改革到了啃硬骨头时期,经济社会领域中各种新旧矛盾、长期性矛盾和阶段性矛盾、可以预料和难以预料的矛盾相互交织的局面更加复杂,能否坚定信心,迎难而上,最大限度地集中全党全社会的智慧,最大限度地调动一切积极因素,冲破思想观念的束缚,突破利益固化的藩篱,是党执政面临的重大考验。

三是市场经济考验。中国的社会主义市场经济体制是一种新型的市场经济体制,对我国经济社会发展产生了重大推动作用。但是市场经济本身具有盲目性、自发性和滞后性等缺陷,社会主义市场经济体制没有现成的经验可以借鉴,如何不断完善社会主义市场经济体制,既充分发挥市场在资源配置中的决定作用,又充分发挥政府的宏观调控作用体现社会主义制度的优越性;如何有效防止市场经济体制下可能出现的收入差距过大损害"共同富裕"的社会主义本质特征；如何有效防止市场经济体制下可能出现的极端个人主义、消费主义、物质主义侵蚀党的肌体，也是摆在党面前的一个重大考验。

四是外部环境考验。伴随着全球化进程的日益加快，中国的发展日益紧密地与世界的发展联系在一起。我们在国内一心一意谋求实现中华民族伟大复兴的中国梦，在国外努力推动构建一个持久和平、共同繁荣的和谐世界。当前的国际环境总体上有利于我国经济社会发展，但也要看到，随着世界多极化、经济全球化的深入发展，综合国力的竞争和各种力量的角逐更趋激烈，不稳定、不确定因素增多，来自外部的政治、经济、社会、文化、外交、军事等方面的挑战不时干扰我国经济社会发展，如何抓住和用好重要战略机遇期，如何以敏锐的眼光洞察纷繁复杂的国际事务，切实做到趋利避害，维护国家主权、安全、发展利益，为中国的改革创造良好的国际环境，是党面临的重大考验。

（三）党的建设面临的"四种危险"

当前，党的建设状况、党的领导水平和执政能力、党员队伍素质同党肩负的历史使命总体上是相适应的。但同时党内还在一定程度上一定范围内存在不少不适应新形势新任务新要求和不符合党的性质和宗旨的问题。精神懈怠的危险、能力不足的危险、脱离群众的危险、消极腐败的危险更加尖锐地摆在全党面前，必须对此保持清醒认识。

一是精神懈怠的危险。精神懈怠是指一个人、一个党，失去了信仰、目标和斗志。这是和平时期最容易出现的危险，也是任何长期执政的政党都要面临的重大考验。回顾中国共产党夺取政权的艰辛历史不难发现，中国共产党人之所以能在艰苦的岁月中经受住战火的洗礼，是无数共产党人坚信共产主义信仰、满怀要在中华大地上实现中华民族自强自立和伟大复兴的远大理想，凭着这种"泰山移"大无畏精神的坚韧革命斗志和自力更生艰苦奋斗的革命精神赢得了新民主主义革命的胜利，也为中华民族留下了宝贵的精神财富。在长期执政、稳定执政和改革发展取得巨大成就的情况下，党内一些同志淡忘了忧患意识，滋生了自满情绪，淡薄了全心全意为人民服务的宗旨，严重脱离群众；有些党员理想信念动摇，对马克思主义信仰不坚定，对中国特色社会主义缺乏信心；有些党员组织纪律松懈，法治意识、纪律观念淡薄；有些党员作风不正，言行不一、弄虚作假等。这些问题的存在严重损害了群众对中国共产党的信任。如何避免精神懈怠的危险,始终保持积极向上、开拓进取的精神状态,是一个重大而又紧迫的问题。

二是能力不足的危险。总体上,广大党员干部的能力与素质能胜任党肩负的历史使命,这也是党能够战胜来自经济领域、政治领域和自然界风险的根本所在、依托所在。随着科学技术日新月异,世界风云变幻莫测,国内改革进入关键期,中国特色社会主义事业发展面临着许多前所未有的新情况新问题,做好工作的艰巨性、复杂性和挑战性更为突出,对领导者的素质、能力提出了更高要求。一部分党员干部在执政环境发生深刻变化的情况下显得能力不足,思想理论水平不高,依法执政能力不强,解决问题的本领不大,难以应对复杂的国内外局势。努力促使党员干部勤于学习、善于学习、乐于学习,坚持向书本学习、向群众学习、向实践学习,不断提高领导全面深化改革和现代化建设的能力和本领,更加突出地摆在全党的面前。

三是脱离群众的危险。"党的根基在人民、血脉在人民、力量在人民。"[①]密切联系人民群众是中国共产党人的优良作风,是中国共产党领导中国革命、建设和改革取得胜利的一大法宝。中国共产党人最大的政治优势就是密切联系群众,最大的危险就是脱离群众。当前,一些党员干部违背了全心全意为人民服务的宗旨,官本位意识严重,在情感上不贴近群众,对群众疾苦漠不关心,对群众的呼声置若罔闻,对群众利益麻木不仁,对群众危难视而不见、听而不闻;一些党员干部违背了"从群众中来,到群众中去"的群众路线,脱离群众、脱离实际,言行不一、弄虚作假,形式主义严重;一些党员干部严重损害群众利益,导致干群关系紧张,群体性事件易发多发等。这些问题的存在严重削弱了党和政府在群众中的公信力,削弱了党和群众的血肉联系,如果对这些问题重视不够,整治不力,党的执政地位就有丧失的危险。

四是消极腐败的危险。消极腐败是危害党的健康肌体的一大毒瘤。坚定不移地反对腐败,建立廉洁政府,做到阳光执政,是中国共产党必须要始终抓好的重大政治任务,也是群众密切关注的重大问题。党的十八大以来我国反腐败斗争压倒性态势已经形成并巩固发展,但反腐败斗争形势依然严峻,任务

---

① 本书编写组:《中国特色社会主义理论与实践研究》,北京:高等教育出版社,2015年,第155页。

依然繁重,大案、要案、窝案多发,有些党员经不起享乐主义、奢靡之风的诱惑,在金钱、美色面前丧失了警惕,以权谋私、贪污腐化,腐蚀了党的肌体,特别是一些高级领导干部发生的腐败案件,给党的形象造成了极其恶劣的影响。如果腐败问题不能得以有效解决,必将削弱党的凝聚力和战斗力,严重影响党的执政地位的巩固和执政使命的实现。因此,反腐倡廉必须常抓不懈,拒腐防变必须警钟长鸣。

(四)增强"四个意识"

面对人民的信任和重托,面对新形势新任务,面对考验和危险,全党必须增强"四个意识"。

一是忧患意识。生于忧患死于安乐,这是任何社会、任何国家、任何政党兴衰存亡的内在规律。党的先进性和党的执政地位不是一劳永逸、一成不变,过去先进不等于现在先进,现在先进不等于永远先进;过去拥有不等于现在拥有,现在拥有不等于永远拥有。这是用辩证唯物主义历史观观察问题得出的结论,也是国际共产主义运动积累的宝贵经验。唯有始终保持忧患意识,居安思危,虚心谨慎、戒骄戒躁,始终保持清醒的头脑,以忧患意识加强党的先进性、纯洁性建设,增强自我净化、自我完善、自我革新、自我提高能力,才能将党和国家的事业不断推向前进。

二是创新意识。创新是民族进步的灵魂,是国家兴旺发达的不竭动力,也是一个政党永葆生机的源泉。中国共产党人必须牢固树立创新意识,培养创新思维,提高创新素质和创新能力,坚持解放思想、实事求是、与时俱进、求真务实,坚持真理;遇到新情况新问题要突破主观偏见的束缚,坚持真理,修正错误,始终保持奋发向上的精神状态和创造活力,不断开辟事业发展的新局面。

三是宗旨意识。党来自人民、植根人民、服务人民,党的根本宗旨是全心全意为人民服务。增强宗旨意识,要求党在任何时候都要把人民利益放在第一位,把代表最广大人民群众的利益作为党的一切活动的出发点和立足点,以人民为本、执政为民作为检验党的一切活动的最高标准。只有相信群众、依靠群众,深入实际体察民情、倾听呼声,了解民意,为民解忧,始终与人民心连心、同呼吸、共命运,使党的全部工作符合时代要求和人民的期待,不断提升人民群众的生活福祉,我们党才能拥有人民群众这一铜墙铁壁的真心支持。

四是使命意识。中国共产党自诞生之日起,就担当起带领中国人民实现中华民族伟大复兴中国梦的历史使命。经过 90 多年的奋斗,我们比历史上任何时期都更加接近这个目标,但实现这个目标仍然任重道远。我们要继续实现推进现代化建设、完成祖国统一、维护世界和平和促进共同发展这三大历史任务,就必须增强使命意识,时刻牢记党的崇高使命和人民重托,求真务实,勇于担当,艰苦奋斗,不怕困难,始终保持共产党人的政治本色,不断谱写事业发展新篇章。①

(五)新时代党的建设总要求

中国特色社会主义进入新时代,我们党一定要有新气象新作为。打铁还需自身硬。要清醒认识到,进入新时代,我们党面临的执政环境是复杂的,影响党的先进性、弱化党的纯洁性的因素也是复杂的,党内存在的思想不纯、组织不纯、作风不纯等突出问题尚未得到根本解决。党面临的执政考验、改革开放考验、市场经济考验、外部环境考验具有长期性和复杂性,党面临的精神懈怠危险、能力不足危险、脱离群众危险、消极腐败危险具有尖锐性和严峻性。②因此,必须一以贯之推进党的建设新的伟大工程,毫不动摇坚持和完善党的领导,毫不动摇把党建设得更加坚强有力。

党的十九大报告明确指出,新时代党的建设总要求是:坚持和加强党的全面领导,坚持党要管党、全面从严治党,以加强党的长期执政能力建设、先进性和纯洁性建设为主线,以党的政治建设为统领,以坚定理想信念宗旨为根基,以调动全党积极性、主动性、创造性为着力点,全面推进党的政治建设、思想建设、组织建设、作风建设、纪律建设,把制度建设贯穿其中,深入推进反腐败斗争,不断提高党的建设质量,把党建设成为始终走在时代前列、人民衷心拥护、勇于自我革命、经得起各种风浪考验、朝气蓬勃的马克思主义执政党。

"坚持和加强党的全面领导,坚持党要管党、全面从严治党"是新时代党的建设的根本方针。党政军民学,东西南北中,党是领导一切的。坚持和加强党

---

① 本书编写组:《中国特色社会主义理论与实践研究》,北京:高等教育出版社,2015 年,第 156—157 页。

② 习近平:《决胜全面建成小康社会 夺取新时代中国特色社会主义伟大胜利——在中国共产党第十九次全国代表大会上的报告(2017 年 10 月 18 日)》,北京:人民出版社,2017 年,第 61 页。

的全面领导,使党始终成为中国特色社会主义伟大事业的坚强领导核心,是新时代党的建设的根本出发点和落脚点。坚持党要管党、全面从严治党,关系党的先进性和纯洁性,关系党的形象和人心向背,甚至关系党的生死存亡,是党的建设的一贯要求,也是党治国理政的关键。新时代党的建设新的伟大工程必须紧紧围绕这"两个坚持"来推进。

"以加强党的长期执政能力建设、先进性和纯洁性建设为主线,以党的政治建设为统领,以坚定理想信念宗旨为根基,以调动全党积极性、主动性、创造性为着力点"是新时代党的建设的工作思路。这"四个以"概括了在新的历史条件下推进党的建设新的伟大工程的基本内容,抓住了党的建设最关键的环节、最重要的部分。

"全面推进党的政治建设、思想建设、组织建设、作风建设、纪律建设,把制度建设贯穿其中,深入推进反腐败斗争,不断提高党的建设质量"是新时代党的建设的总体布局。这一"5+2"的布局,是党的建设总体布局的重大理论和实践创新,突出表现在首次将政治建设、纪律建设纳入党的建设总体布局,明确把政治建设摆在首位,强调纪律建设这一治本之策,反映出我们党对执政规律的进一步深刻认识,体现了新时代新形势新征程对党的建设的新要求。

"把党建设成为始终走在时代前列、人民衷心拥护、勇于自我革命、经得起各种风浪考验、朝气蓬勃的马克思主义执政党"是新时代党的建设的总目标。这一总目标集中体现了党的性质、宗旨和纲领,集中体现了中国共产党人坚持人民主体地位的价值取向、勇于自我革命、不惧风险考验的政治定力以及为中国人民谋幸福、为中华民族谋复兴的使命担当。

新时代党的建设总要求,从战略和全局的角度对推进党的建设新的伟大工程作出整体规划和顶层设计。其所包括的党的建设的根本方针、工作思路、总体布局和总的目标,紧密联系、相互作用、相互促进,使新时代党的建设成为科学有机的统一整体。新时代党的建设总要求,丰富并发展了马克思主义建党学说,标志着我们党对执政党建设规律的认识达到了一个新高度,是新时代党的建设的总纲领、总遵循。

重 点 模 块

三、坚定不移全面从严治党

全面从严治党,是 2014 年 10 月 8 日习近平总书记在党的群众路线教育实践活动总结大会的讲话中提出来的,总书记明确指出:"今天这个大会,是对党的群众路线教育实践活动进行总结,对巩固和拓展教育实践活动成果、加强党的作风建设、全面推进从严治党进行部署。"2014 年 12 月,习近平总书记在江苏调研时进一步强调,要"协调推进全面建成小康社会、全面深化改革、全面推进依法治国、全面从严治党,推动改革开放和社会主义现代化建设迈上新台阶"。至此,"四个全面"战略布局逐步形成,集中体现了对党治国理政经验的科学总结、丰富发展及全面升华,成为建设中国特色社会主义、实现中华民族伟大复兴中国梦的行动纲领。

坚持党要管党、从严治党,是党的建设始终如一的要求,也是中国共产党不断取得胜利的宝贵经验。党的十八大以来,习近平总书记站在历史的新高度,把党要管党、从严治党的理念进一步提升。他在全国组织工作会议上指出:"党要管党,才能管好党;从严治党,才能治好党。"[①]党的十八届五中全会上,习近平总书记着重强调:全面从严治党,基础在全面,关键在严,要害在治。"全面"是基础,指的是管党治党要覆盖到党的思想、组织、作风、反腐倡廉

---

① 《十八大以来重要文献选编》(上),北京:中央文献出版社,2014 年,第 349—350 页。

和制度建设等各个领域、各个方面、各个部门;把从严治党的要求落实到每一个党组织、落实到每一个党员。"严"是关键,指的是把严的要求贯穿于管党治党的全过程,确保全面从严治党真正落在实处,坚持不懈地严管严治。"治"是要害,指的是各级党组织要肩负起主体责任,各级纪委要担负起监督责任,以重典治乱、刮骨疗毒的勇气和决心去解决党自身存在的问题,坚持标本兼治,使全面从严治党取得更大成效。党的十九大上,习近平总书记再次强调,全面从严治党永远在路上。

新时代,只有坚定不移全面从严治党,不断提高党的长期执政能力和领导水平,中国共产党才能更好应对当前世情、国情、党情的深刻变化,应对更为复杂的国际国内风险考验,才能增强自我净化、自我完善、自我革新、自我提高的能力,从而使我们党永远立于不败之地。这是马克思主义政党性质的必然要求,也是我们党 90 多年艰苦奋斗的经验总结。

(一)把党的政治建设摆在首位

习近平总书记在党的十九大报告中明确指出:"旗帜鲜明讲政治是我们党作为马克思主义政党的根本要求。党的政治建设是党的根本性建设,决定党的建设方向和效果。保证全党服从中央,坚持党中央权威和集中统一领导,是党的政治建设的首要任务。"[①]2019 年 1 月,为深入贯彻落实习近平新时代中国特色社会主义思想和党的十九大精神,切实加强党的政治建设,坚持和加强党的全面领导,推进全面从严治党向纵深发展,不断提高党的执政能力和领导水平,确保全党统一意志、统一行动、步调一致向前进,[②]中共中央出台了关于加强党的政治建设的意见。"党的政治建设"这一重大命题的提出,是对马克思主义党建理论的重大创新、对党建思想的进一步丰富和发展。党的政治建设,关乎党的先进性和纯洁性,关乎党的兴衰存亡。因此,必须坚持把政治建设摆在首位,以党的政治建设为统领,全面推进新时代党的建设新的伟大工程。

1. 把党的政治建设摆在首位的现实意义

第一,把党的政治建设摆在首位是中国共产党自身建设和发展的宝贵经

---

① 习近平:《决胜全面建成小康社会 夺取新时代中国特色社会主义伟大胜利——在中国共产党第十九次全国代表大会上的报告(2017 年 10 月 18 日)》,北京:人民出版社,2017 年,第 62 页。
② 《中共中央关于加强党的政治建设的意见》,载《人民日报》,2019 年 2 月 28 日,第 1 版。

验。中国共产党已经成立90多年,带领中国人民取得了举世瞩目的伟大成就。正是在党中央集中统一领导下,一代又一代中国共产党人团结带领人民拼搏奋斗,使中国革命、建设和改革取得一个又一个胜利。中国共产党成立以来,始终保持团结和集中统一,始终保持进取精神和强大力量,经历各种曲折和失败而愈挫愈勇,这同我们党始终注重政治建设是密不可分的。中国共产党始终坚持马克思主义,自成立之日起就宣誓了自己的政治主张,制定了党的政治纲领和政治路线,把政治建设作为党的建设的重要组成部分。此后,无论在哪个历史阶段,我们党都十分注重党的政治建设,并把政治建设作为党的建设的基本原则和重要内容贯穿于党的思想建设、组织建设、作风建设、纪律建设等过程中。

第二,把党的政治建设摆在首位是解决党内存在的突出问题的现实需要。党的建设要坚持问题导向,有的放矢解决党内存在的突出问题。党的十八大以来,全面从严治党成效卓著,党在革命性锻造中更加坚强。但我们也要清醒认识到,党面临的执政环境依然复杂,党内存在的思想不纯、组织不纯、作风不纯等突出问题尚未得到根本解决,全面从严治党永远在路上。我们必须进一步从政治高度深刻认识党面临的"四大考验"的长期性和复杂性、党面对的"四种危险"的尖锐性和严峻性。只有把党的政治建设摆在首位,以党的政治建设统领党的其他方面建设,推动党员、干部真正把对党忠诚、为党分忧、为党尽责、为民造福作为根本政治担当,才能在新时代有效应对"四大考验"、有效克服"四种危险"。只有把党的政治建设摆在首位,把政治过硬与本领高强结合起来,努力推动真讲政治、敢讲政治、实讲政治、严讲政治在全党蔚然成风,我们党才能永葆旺盛生命力和强大战斗力,始终成为时代先锋、民族脊梁,完成新时代党的历史使命。

第三,把党的政治建设摆在首位是新时代建设中国特色社会主义的重要保障。我们党是中国特色社会主义事业的开创者和引领者。"中国特色社会主义最本质的特征是中国共产党领导,中国特色社会主义制度的最大优势是中国共产党领导"。[①] 新时代,我们要决胜全面建成小康社会,进而全面建设社

---

① 习近平:《决胜全面建成小康社会 夺取新时代中国特色社会主义伟大胜利——在中国共产党第十九次全国代表大会上的报告(2017年10月18日)》,北京:人民出版社,2017年,第20页。

会主义现代化强国;我们要应对重大挑战、抵御重大风险、克服重大阻力、化解重大矛盾、解决重大问题;必须进行具有许多新的历史特点的伟大斗争。在复杂的形势下,在艰巨的任务前,只有保证全党服从中央、坚持党中央权威和集中统一领导,才能把全党 8 900 多万名党员和 450 多万个基层党组织牢固凝聚起来,把全国各族人民紧密团结起来,形成万众一心、无坚不摧的磅礴力量,去完成伟大的历史使命。历史和现实、理论和实践已经证明,党的领导是坚持和发展中国特色社会主义事业的根本政治保证。"发展中国特色社会主义是一项长期而艰巨的历史任务,新时代中国共产党要团结带领全国各族人民应对重大挑战、抵御重大风险、克服重大阻力、解决重大矛盾,进行具有许多新的历史特点的伟大斗争,就必须把政治建设摆在党的建设的首位,发扬斗争精神,提高斗争本领,不断夺取新时代伟大斗争新胜利。"①

2. 新时代背景下把党的政治建设摆在首位的基本要求

新时代,切实落实党的政治建设的首要任务,保证全党服从中央、坚持党中央权威和集中统一领导,至为关键、重中之重的是坚持和加强党的领导,深入贯彻落实习近平新时代中国特色社会主义思想。全党要自觉增强政治意识、大局意识、核心意识、看齐意识,在政治立场、政治方向、政治原则、政治道路上始终同以习近平同志为核心的党中央保持高度一致。具体说来,就是加强理想信念教育,坚定政治信仰;坚决服从党中央,拥护党的领导核心;严守政治纪律,执行党的政治路线;坚定不移推动建设新时代中国特色社会主义,实现中华民族复兴的伟大梦想。

第一,加强理想信念教育,坚定政治信仰。中华民族伟大复兴中国梦是中国共产党自始至终为之奋斗的既定理想。"自成立之日起,中国共产党就以马克思主义理论为指导,以在中国建立社会主义社会、共产主义社会,实现民族振兴和国家富强为最高理想,并将这一伟大理想和为之努力奋斗的精神代代相传,民族复兴之路才得以愈走愈广。"②坚定的理想信念,是共产党人安身立命的根本,共产党人的理想信念就是对马克思主义的信仰,对共产主义和社会

---

① 张立梅:《把党的政治建设摆在首位》,载《光明日报》,2018 年 7 月 23 日,第 2 版。
② 杨正武:《论加强党员干部理想信念教育的时代路径》,载《中共福建省党校学报》,2014 年第 10 期。

主义的信念,对党和人民的忠诚革命理想高于天,信仰信念不仅是共产党人的精神追求,更是共产党人安身立命的根本,更加关乎党和国家的前途命运。没有理想信念这精神之钙,便不会有"砍头不要紧,只要主义真"的视死如归;没有理想信念这精神之钙,也不会有"生也沙丘,死也沙丘,父老生死系"的焦裕禄精神;没有理想信念这精神之钙,更不会有一代代共产党人带领人民群众追求幸福生活的佳话。理想信念的构建是一项长期的系统性的工作,应该牢牢抓住坚定理想信念宗旨这个根基,坚持用习近平新时代中国特色社会主义思想武装头脑,使全社会共同重视理想信念教育,营造良好的、积极向上、文明健康的社会氛围,与时俱进,突出理想信念教育的时代性,发挥理想信念教育的正能量,坚定政治信仰。

第二,坚决服从党中央,拥护党的领导核心。坚决服从党中央,首先要牢牢把握坚持党中央权威和集中统一领导这一首要任务。每一名党员都要牢固树立"四个意识",自觉与以习近平同志为核心的党中央保持高度一致,以实际行动确保党的基本理论、基本路线、基本方略得到全面贯彻。其次,要牢牢把握严肃党内政治生活这一基本途径。党要管党必须从党内政治生活管起,从严治党必须从党内政治生活严起。要严格执行《关于新形势下党内政治生活的若干准则》,坚持以上率下、率先垂范,着力增强党内政治生活的政治性、时代性、原则性、战斗性。再次,要牢牢把握党内政治文化这一价值导向。培育积极健康的党内政治文化,把忠诚老实、公道正派、实事求是、清正廉洁作为必须遵循的行为规范,坚决抵制和反对各种腐朽、庸俗文化的侵蚀,坚决防止和反对个人主义、分散主义、自由主义、本位主义、好人主义,坚决防止和反对宗派主义、圈子文化、码头文化,坚决反对搞两面派、做两面人,促使党员、干部堂堂正正做人、勤勤恳恳干事、干干净净为官。最后,要牢牢把握加强党性锻炼这一基础环节。党员、干部要经常进行党性分析,永葆对党忠诚的政治品格,始终把人民放在心中最高位置,时刻听从组织召唤;树牢政治理想,把准政治方向,站稳政治立场,严守政治纪律,加强政治历练,积累政治经验,把政治能力训练贯穿党性锻炼全过程,确保在任何复杂矛盾和艰难险阻面前都能看清方向、把握大势、保持定力,坚决服从党中央,拥护党的领导核心。

第三，坚守政治纪律，执行党的政治路线。严守党的纪律，不仅是我党的优良传统，更是每一位党员的誓言。政治纪律是党的最根本、最重要的纪律。坚守政治纪律，要贯彻落实八项规定、学习严守纪律条例，加强党员纪律意识，制定科学考核机制，形成自觉学习的意识与氛围。要加强党内监督检查，发挥班子成员模范带头作用，自觉接受同事监督，敢于批评与自我批评，增强党内政治生活的政治性、原则性、时代性、战斗性。要畅通群众监督渠道，借人民之力及时纠正、制止违法乱纪行为，全面肃清政治生态环境。要坚持民主集中制这个根本组织原则，落实《中国共产党地方委员会工作条例》，严格按程序决策、按规矩办事。要严格落实党的组织生活制度，增强政治性和严肃性，使党的组织生活真正严起来、实起来、规范起来。党的纪律是全党意志的体现，是全党必须遵守的行为准则，在党的政治体系中最为基础。"要把一以贯之的始终严明与不同阶段的具体落实相结合，要把总揽全局的系统构建与突出重点的整体推进相结合，要把持之以恒的思想建党与科学配套的制度治党相结合"①，形成合力，从而为严明党的政治纪律提供必不可少的坚实保障和强大能量。

（二）用新时代中国特色社会主义思想武装全党

思想建设是党的基础性建设。坚持以科学理论引领实践、用科学理论武装头脑，是我们党永葆先进性和纯洁性的根本保证。当前，我们要用党的创新理论即习近平新时代中国特色社会主义思想武装头脑，推动全党更加自觉地为实现新时代党的历史使命而努力奋斗。

新时代中国特色社会主义思想，是对马克思列宁主义、毛泽东思想、邓小平理论、"三个代表"重要思想、科学发展观的继承和发展，是马克思主义中国化最新成果，是党和人民实践经验和集体智慧的结晶，是中国特色社会主义理论体系的重要组成部分，是全党全国人民为实现中华民族伟大复兴而奋斗的行动指南，必须长期坚持并不断发展。全党要深刻领会新时代中国特色社会主义思想的精神实质和丰富内涵，在各项工作中全面准确贯彻落实。②

---

① 郭绍均、王学俭：《严明党的政治纪律和政治规矩》，载《中国特色社会主义研究》，2016年第3期。
② 习近平：《决胜全面建成小康社会 夺取新时代中国特色社会主义伟大胜利——在中国共产党第十九次全国代表大会上的报告（2017年10月18日）》，北京：人民出版社，2017年，第20页。

理想信念在党的思想建设中至关重要。党的十九大报告明确指出,要把坚定理想信念作为党的思想建设的首要任务,教育引导全党牢记党的宗旨,挺起共产党人的精神脊梁,解决好世界观、人生观、价值观这个"总开关"问题,自觉做共产主义远大理想和中国特色社会主义共同理想的坚定信仰者和忠实实践者。习近平总书记有一个形象的比喻:理想信念就是共产党人精神的"钙","理想信念坚定,骨头就硬,没有理想信念,或理想信念不坚定,精神上就会'缺钙',就会得'软骨病'","就可能导致政治上变质、经济上贪婪、道德上堕落、生活上腐化"。① 确实,一个人如果身体缺钙,就容易骨质疏松、站立不稳。而一个人如果精神缺钙,就必然信仰迷茫,无从抵御名利诱惑,具有严重危害。因此,全面从严治党,必然要求坚定全体党员尤其是领导干部的理想信念。"革命理想高于天。没有远大理想,不是合格的共产党员。"② 习近平总书记尤其强调:"对马克思主义的信仰,对社会主义和共产主义的信念,是共产党人的政治灵魂,是共产党人经受住任何考验的精神支柱。"③ 可见,党的思想建设的重点就在于加强理想信念教育。党的十八届六中全会通过的《关于新形势下党内政治生活的若干准则》中明确提出,把坚定理想信念作为开展党内政治生活的首要任务,把共产主义远大理想和中国特色社会主义共同理想作为中国共产党人的精神支柱和政治灵魂,作为保持党的团结统一的思想基础。这充分体现了我们党不忘初心、继续前进的高度政治清醒和政治自觉。全体党员干部只有牢记入党誓言、牢记党的宗旨纲领、牢记党员的权利义务、牢记党的纪律,才能真正坚守安身立命的根本。

　　党的十八大以来,以习近平同志为核心的党中央坚持思想建党和制度治党相统一,这是新形势下全面从严治党的重要经验。思想建设是党的各项建设的基础,只有坚定理想信念,加强思想建党,才能为制度治党确立正确方向、提供思想保证。制度治党是思想建党的根本保障,只有科学合理、严密有效的制度体系才能保证思想建党的持续和深化。因此,思想建党为全面从严治党

---

① 中共中央宣传部:《习近平总书记系列重要讲话读本》,学习出版社、人民出版社,2016年,第106—107页。
② 《十八大以来重要文献选编》(上),北京:中央文献出版社,2014年,第116页。
③ 《十八大以来重要文献选编》(上),北京:中央文献出版社,2014年,第115页。

构筑起思想防线,制度治党为全面从严治党构筑起制度防线,两者紧密结合、同向同时发力,方能彰显党的建设的特有优势。

俗话说,没有规矩,不成方圆。党的制度就是具有硬约束的规矩。习近平总书记早在2009年就明确指出制度建设的重要性:"最根本的是严格遵循执政党建设规律进行制度建设,不断增强党内生活和党的建设制度的严密性和科学性,既要有实体性制度又要有程序性制度,既要明确规定应该怎么办又要明确规定违反规定怎么处理,减少制度执行的自由裁量空间,推进党的建设的科学化、制度化、规范化。"[①]可见,全面从严治党,意味着必须以科学的制度设计、严格的制度执行、有力的检查惩处来体现。习近平总书记在党的群众路线教育实践活动总结大会的讲话中指出,制度不在于多,而在于精,在于务实管用,突出针对性和指导性。制度治党,不能搞"牛栏关猫",必须全方位扎紧制度的"笼子",用严格的制度来治党、管权、治吏。用制度治党,就是党的活动必须在宪法、法律允许的范围内进行,同时不断完善党内法规,使党内法规与国家法律有效衔接、协调;要增强制度的执行力,坚决维护制度的权威,使制度真正成为一种硬约束。用制度管权,就是把权力关进制度的笼子,构建严密的权力运行制约体系以及有效的监督体系;坚决反对特权、反对以权谋私,坚持权责相应,失职必须问责。用制度治吏,就是用制度严格管理干部,不仅在思想教育上要从严,制度执行上更要从严,既要讲激励也要讲约束,使广大干部加强制度意识,不敢轻易触碰制度的底线;同时要特别加强对领导干部特别是高级干部即"关键少数"的监督管理。只有用制度管权管事管人,才能把从严治党落到实处。

正如习近平总书记所指出的:"思想教育要结合落实制度规定来进行。要使加强制度建党的过程成为加强思想建党的过程,也要使加强思想建党的过程成为加强制度建党的过程。"[②]只有始终坚持思想建党和制度治党相统一、同向同时发力,才能真正实现全面从严治党;只有用习近平新时代中国特色社会

---

① 习近平:《加强和改进新形势下党的建设的纲领性文件》,载《人民日报》,2009年10月9日,第1版。

② 习近平:《在党的群众路线教育实践活动总结大会上的讲话》,载《人民日报》,2014年10月9日,第1版。

主义思想武装全党,才能把党这个核心领导力量建设好,从而谱写出中国特色社会主义事业的崭新篇章。

(三)加强党的干部队伍建设和基层组织建设

坚定不移全面从严治党,必须不断加强党的组织建设。党的组织建设主要包括民主集中制建设、干部队伍建设和党员队伍建设、党的基层组织建设等内容。

1. 加强组织建设,必须坚持民主集中制原则

民主集中制是党的根本组织制度、领导制度,其科学性和重要性经受了无数的历史考验和实践检验,成为党内政治生活正常健康开展的重要制度保障。当前,我们党要带领人民取得新的伟大胜利,就必须坚持民主集中制,发扬党内民主,开展批评与自我批评,通过严格的组织生活来维护党的团结统一,形成并保持风清气正的党内良好政治生态。

2. 加强组织建设,必须建设高素质专业化干部队伍

党的干部是党和国家事业的中坚力量,要坚持党管干部原则,坚持正确选人用人导向,突出政治标准,提拔重用忠诚干净担当的干部,注重培养干部的专业能力、专业精神,增强干部队伍适应新时代中国特色社会主义发展要求的能力。人才是实现民族振兴、赢得国际竞争主动的战略资源。要坚持党管人才原则,努力形成人人渴望成才、人人努力成才、人人皆可成才、人人尽展其才的良好局面。同时,要抓好"关键少数",也就是重点抓好各级领导干部,尤其是高级干部。著名的唐朝典籍《贞观政要》中有句名言:"为政之要,惟在得人。"因此,从严治党,关键是从严治吏。要把好选人用人的"入口关",要求各级干部遵循"严以修身、严以用权、严以律己,谋事要实、创业要实、做人要实"的"三严三实"要求,按照习近平总书记概括的好干部标准:信念坚定、为民服务、勤政务实、敢于担当、清正廉洁,[①]做到对党忠诚、个人干净、敢于担当,让组织放心、人民满意。

2019年3月,中共中央印发了修订后的《党政领导干部选拔任用工作条例》(以下简称《干部任用条例》)。修订后的《干部任用条例》是干部选拔任用

[①] 中共中央宣传部:《习近平总书记系列重要讲话读本》,北京:学习出版社、人民出版社,2016年,第109页。

工作的基本遵循,体现了新时代选人用人的基本规范,是重要的党内法规。修订后的《干部任用条例》以习近平新时代中国特色社会主义思想为指导,坚持和加强党的全面领导,突出政治标准选人用人,坚持把政治标准放在首位;同时,坚持精准科学选人用人,事业为上选贤任能,坚持将从严要求贯穿始终,使干部选拔任用工作进一步制度化、规范化、科学化;对于建设忠诚干净担当的高素质专业化干部队伍,不断提高选人用人质量,提高党的领导水平和长期执政能力,不断推进中国特色社会主义伟大事业,具有重要意义。

2019年4月,中共中央办公厅印发了《党政领导干部考核工作条例》(以下简称《干部考核条例》)。这是党的法规制度建设史上第一次以条例的形式对干部考核工作作出的总体规范。《干部考核条例》是贯彻落实新时代党的建设总要求以及新时代党的组织路线的最新成果,为新时代进一步做好干部考核工作在制度层面上指明了方向,提供了根本遵循。《干部考核条例》坚持把政治标准放在首位,突出对党中央决策部署和习近平总书记重要指示批示贯彻落实情况的考核,完善考核方式,改进考核方法,改进考核结果的确定和运用,落实考核责任,成为激励党的干部忠诚干净担当的制度保证,体现出党的干部考核制度建设取得新的重大进展。

3. 加强组织建设,必须造就高素质的党员队伍

党员是党的肌体细胞,党的先进性和纯洁性最终要靠千千万万高素质党员来加以体现。因此,全体党员应遵循"两学一做"的要求,一要学党章党规,深入领会党的性质宗旨、指导思想、奋斗目标,深入领会党员的职责权利,牢记入党誓词;学习党的十九大精神,学习《中国共产党廉洁自律准则》《中国共产党纪律处分条例》《关于新形势下党内政治生活的若干准则》《中国共产党党内监督条例》等党内法规,掌握各类违纪行为的表现及处分规定。二要学《习近平总书记系列重要讲话读本(2016年版)》,深入领会党治国理政新理念新思想新战略,自觉以系列讲话精神武装头脑、指导实践。三要做合格党员,也就是在新时代新形势下,努力做"四讲四有"合格党员,即讲政治、有信念,政治合格;讲规矩、有纪律,执行纪律合格;讲道德、有品行,品德合格;讲奉献、有作为,发挥作用合格。

党员的教育管理,始终是党的建设的基础性、根本性、经常性工作,是关系

党的战斗力、生命力的极其重要的问题,历来受到高度重视。如今,中国共产党已有9 000多万党员,如何把这9 000多万党员教育管理好,建设一支高素质的党员队伍,是新时代加强党的建设必须解决的重大课题。2019年5月,中共中央印发了《中国共产党党员教育管理工作条例》(以下简称《条例》),对党员教育管理的内容、方式、程序等作出规范,成为新时代从严从实抓党员教育管理的基本遵循。每名党员,不论职务高低,都应遵守党章的要求和《条例》的规定,接受党组织的教育管理。《条例》是党员队伍建设方面的基础性主干法规,是全面从严治党的制度建设最新成果。《条例》贯彻落实习近平总书记关于增强党员教育管理针对性和有效性重要指示精神,对于造就高素质的党员队伍,激发党组织的蓬勃生机,推动全面从严治党不断向纵深发展,具有十分重要的意义。只有把9 000多万党员教育好、管理好,才能巩固党长期执政的基础,进而实现党的伟大执政使命。

4. 加强组织建设,必须加强党的基层组织建设

基础不牢,地动山摇。党的基层组织是确保党的路线方针政策和决策部署贯彻落实的基础,针对一些基层党组织弱化、虚化、边缘化问题,必须不断加强基层组织建设,才能使其拥有更强的战斗力。党支部是党的基础组织,必须担负好直接教育党员、管理党员、监督党员和组织群众、宣传群众、凝聚群众、服务群众的职责。加强基层组织建设要以提升组织力为重点,突出政治功能,努力把基层党组织建设成为宣传党的主张、贯彻党的决定、领导基层治理、团结动员群众、推动改革发展的坚强战斗堡垒。

马克思主义政党一贯重视和加强党的基层组织建设。党的十八大以来,以习近平同志为核心的党中央更是高度重视党支部建设,要求把全面从严治党落实到每一个党支部、落实到每一名党员,使党支部建设质量不断得以提高。2018年11月,中共中央印发了《中国共产党支部工作条例(试行)》(以下简称《条例》)。《条例》是中国共产党历史上第一部关于党支部工作的基础主干法规。《条例》以习近平新时代中国特色社会主义思想为指导,贯彻党章要求,既弘扬"支部建在连上"的光荣传统,又体现基层创造的新做法新经验,对党支部工作作出全面规范,是新时代党支部建设的基本遵循。《条例》的制定和实施,对于加强党的组织体系建设,推动全面从严治党向基层延伸,全面提

升党支部组织力,强化党支部政治功能,巩固党长期执政的组织基础,具有十分重要的意义。①《条例》明确了党支部的功能定位,规范了党支部的设置,提出了党支部的基本任务以及不同领域党支部的重点任务,完善了党支部的工作机制,规定了党支部的组织生活,强调加强党支部委员会建设,压实了党支部工作的领导指导责任,使党支部建设更加标准化、规范化,对各类党支部努力成为坚强战斗堡垒具有重要的指导作用。

2019年1月,中共中央印发了《中国共产党农村基层组织工作条例》,它对坚持和加强党对农村工作的全面领导,深化农村改革,决战决胜脱贫攻坚,深入实施新时代乡村振兴战略,提高党的农村基层组织建设质量,夯实党在农村的执政基础具有重要意义。2019年5月,中共中央办公厅印发的《关于加强和改进城市基层党的建设工作的意见》指出,加强和改进城市基层党建工作,把城市基层党组织建设成为宣传党的主张、贯彻党的决定、领导基层治理、团结动员群众、推动改革发展的坚强战斗堡垒,这对于坚持和加强党对城市工作的全面领导,夯实党在城市的执政基础,推进城市治理体系和治理能力现代化具有重要意义。②

2019年4月,中共中央印发了修订后的《中国共产党党组工作条例》(以下简称《条例》)。《条例》全面贯彻习近平新时代中国特色社会主义思想和党的十九大精神,以党章为根本遵循,充分体现近年来党组工作的理论、实践和制度创新成果,回应党组工作的新情况新问题新要求,实现党组制度的守正创新。③《条例》要求确保党组做到"两个维护",即坚决维护习近平总书记核心地位,坚决维护党中央权威和集中统一领导,同时充分发挥党组把方向、管大局、保落实的重要作用,确保党始终成为中国特色社会主义事业的坚强领导核心。《条例》是党组工作方面第一部专门党内法规,对于不断加强党组领导能力、进一步提高党组领导水平、持续推动党组工作制度化、规范化发挥了重要作用。

---

① 《中共中央印发〈中国共产党支部工作条例(试行)〉》,载《人民日报》,2018年11月26日,第1版。
② 《中共中央办公厅印发关于加强和改进城市基层党的建设工作的意见》,载《人民日报》,2019年4月16日,第1版。
③ 《中共中央印发〈中国共产党党组工作条例〉》,载《人民日报》,2019年5月4日,第4版。

党的力量来自组织。大力加强党的组织建设,是推进新时代党的建设新的伟大工程的重大任务。2018年5月,习近平总书记在全国组织工作会议上的重要讲话中明确指出,新时代党的组织路线,即全面贯彻新时代中国特色社会主义思想,以组织体系建设为重点,着力培养忠诚干净担当的高素质干部,着力集聚爱国奉献的各方面优秀人才,坚持德才兼备、以德为先、任人唯贤,为坚持和加强党的全面领导、坚持和发展中国特色社会主义提供坚强组织保证。① 上述一系列党内法规的发布、实施,顺应了新时代党的建设总要求,全面贯彻了新时代党的组织路线,有力地推动了党的干部队伍建设、党员队伍建设和基层组织建设。

(四) 管党治党必须持之以恒正风肃纪

全面从严治党永远在路上。这就必然要求新时代党的建设要持之以恒加强作风建设、纪律建设。因为管党治党一刻不能放松、一刻不能懈怠。只有狠抓作风和纪律建设,才能使共产党员锤炼党性、砥砺品格,严明纪律、过硬作风,炼成"金刚不坏之身",锻造出一支钢铁般的党员、干部队伍。

党的作风是党的形象,关系人心向背,关系党的生死存亡。习近平总书记指出:"我们党作为马克思主义执政党,不但要有强大的真理力量,而且要有强大的人格力量。真理力量集中体现为我们党的正确理论,人格力量集中体现为我们党的优良作风。"② 作风建设的核心是保持党同人民群众的血肉联系。古希腊神话故事"安泰之死"告诫人们:任何英雄,一旦离开后盾和支撑,一样会变得不堪一击。党和人民群众的关系就如安泰和大地母亲的关系一样不能分开,苏联的教训就十分深刻。只有牢记全心全意为人民服务的宗旨,才能始终拥有力量源泉,才能始终稳固执政地位。

党的十八届六中全会通过的《关于新形势下党内政治生活的若干准则》指出:"党的各级组织、全体党员特别是各级领导机关和领导干部要贯彻党的群众路线,做到一切为了群众,一切依靠群众,从群众中来,到群众中去,为群众

---

① 《习近平总书记在全国组织工作会议上的重要讲话引起热烈反响》,新华网,2018年7月5日,http://www.xinhuanet.com/2018-07/05/c_1123085588.htm.
② 中共中央宣传部:《习近平总书记系列重要讲话读本》,北京:学习出版社、人民出版社,2016年,第113页。

办实事、解难事,当好人民公仆。"这就深刻诠释了"为了谁""依靠谁""我是谁"的问题,强调了党对人民群众的无限依赖性。党的十九大报告更是提出,把"坚持以人民为中心"作为新时代坚持和发展中国特色社会主义的基本方略之一。因此,密切联系群众作为我们党在长期的革命、建设、改革实践中形成的最大政治优势,在党长期执政的条件下仍应得到更充分的发挥。

加强作风建设首先应当牢固树立群众观点、切实解决群众困难、提高服务群众的本领,团结带领广大人民群众跟党走。其次,加强作风建设还要持之以恒地反对"四风"。形式主义、官僚主义、享乐主义和奢靡之风违背党的宗旨,是人民群众深恶痛绝的,必须坚持不懈地加以整顿。党的十八大以来,中央制定的《关于改进工作作风、密切联系群众的八项规定》对加强作风建设起了十分积极的推动作用。通过坚持和发扬艰苦奋斗精神,积极开展批评和自我批评,严格遵守有关廉洁自律的相关规定,党的作风有了深入持续的改进。新时代,要按照"作风建设永远在路上"的理念,制度化、规范化、常态化地进一步加强作风建设,把作风建设落实落细,真正打赢关乎党的生死存亡的作风建设攻坚战、持久战,从而凝聚人心、凝聚力量,巩固党的执政基础。

正风必先肃纪。我们党是靠铁的纪律组织起来的马克思主义政党,纪律严明是党的光荣传统。党的十九大将纪律建设正式纳入党的建设总体布局,突出了对纪律建设的高度重视。

《中国共产党章程》第三十七条明确指出:"党的纪律是党的各级组织和全体党员必须遵守的行为规则,是维护党的团结统一、完成党的任务的保证。党组织必须严格执行和维护党的纪律,共产党员必须自觉接受党的纪律的约束。"面对新形势,管党治党对纪律严明的要求更高,否则,党就可能成为"乌合之众",甚至变成"私人俱乐部"。为此,习近平强调:"党面临的形势越复杂、肩负的任务越艰巨,就越要加强纪律建设,越要维护党的团结统一,确保全党统一意志、统一行动、步调一致前进。"①

2015年,中共中央印发了新修订的《中国共产党廉洁自律准则》和《中

---

① 《十八大以来重要文献选编》(上),北京:中央文献出版社,2014年,第131页。

共产党纪律处分条例》,从一正一反两个方面对各级党组织和党员、干部进一步明确了党的纪律。尤其是《中国共产党纪律处分条例》,围绕党纪戒尺要求,以开列负面清单的形式,把党章对党的纪律要求具体为政治纪律、组织纪律、廉洁纪律、群众纪律、工作纪律、生活纪律等内容,划出了各级党组织和全体党员不可触碰的一根"带电高压线"。其中,党的政治纪律是最重要、最根本、最关键的纪律,是打头、管总的纪律。党的十八届六中全会把严明党的政治纪律摆在突出位置,这也就意味着各级党组织和全体党员必须在政治方向、政治立场、政治言行等方面严格遵守规矩,做"政治的明白人",自觉坚持党的领导,自觉维护党中央的权威,在思想上、行动上自觉与党中央保持高度一致,从根本上保证党的团结统一,从而使党成为中国特色社会主义事业的坚强领导核心。

同时,严明纪律还必须严明组织纪律,切实强化党性意识、组织意识,切实遵守民主集中制、党内组织生活制度等组织制度,切实加强组织管理、执行组织纪律。此外,还要认识到,制定纪律是为了执行。正如习近平指出的:"遵守党的纪律是无条件的,要说到做到,有纪必执,有违必查,而不能合意的就执行,不合意的就不执行,不能把纪律作为一个软约束或是束之高阁的一纸空文。"[①]唯有严格执行纪律,纪律面前一律平等,才能增强党的纪律的警示力;唯有强化监督,才能增强党的纪律的保证力;唯有领导干部带头做好表率,以身作则地维护党的纪律,才能真正体现党的纪律的严肃性和权威性。

2018年,新修订的《中国共产党纪律处分条例》(以下简称《条例》)正式公布。这是党的十八大之后,中共中央对《条例》的第二次修订。《条例》增加了以习近平新时代中国特色社会主义思想为指导,坚持和加强党的领导,坚决维护习近平总书记党中央的核心、全党的核心地位,坚决维护党中央权威和集中统一领导,牢固树立政治意识、大局意识、核心意识、看齐意识等内容;进一步严明党的政治纪律和政治规矩,把党章和新形势下制定的一系列党内法规的要求具体化;坚持问题导向,将一些新型违纪行为列入"负面清

---

① 中共中央宣传部:《习近平总书记系列重要讲话读本》,北京:学习出版社、人民出版社,2016年,第121页。

单",针对突出问题扎紧制度篱笆;把执纪和执法贯通起来,强调纪严于法、纪在法前,不断巩固和发展执纪必严、违纪必究的常态化成果;等等。《条例》对党的十八大以来纪律建设的理论、实践、制度创新进行了总结提炼,使带电的纪律"高压线"更明确、更清晰、更细化,使纪律建设成为全党思想意志统一、行动步调一致的重要保障,成为新时代凝聚全党力量夺取事业新胜利的必然要求。

2019年2月,中共中央印发了《中国共产党重大事项请示报告条例》(以下简称《条例》),《条例》的制定出台,有利于提高重大事项请示报告工作制度化、规范化、科学化水平。请示报告制度是我们党的一项重要政治纪律、组织纪律、工作纪律,是执行民主集中制的有效工作机制,对于坚决维护习近平总书记党中央的核心、全党的核心地位,坚决维护党中央权威和集中统一领导,保证全党团结统一和行动一致,具有重要意义。[①]

(五)健全党和国家监督体系

中国特色社会主义进入新时代,党和国家监督也要有新气象新作为。党的十九大报告指出,增强党自我净化能力,根本靠强化党的自我监督和群众监督。要加强对权力运行的制约和监督,让人民监督权力,让权力在阳光下运行,把权力关进制度的笼子。

1. 加强党内监督

全面从严治党,是我们党充满政治勇气的自我革命。既是自我革命,就需正视存在的问题并力求解决。为此,党的十八届六中全会通过了新修订的《中国共产党党内监督条例》(以下简称《条例》),《条例》明确指出:加强党内监督,是新形势下加强党的建设十分重要的课题,也是我们推进全面从严治党的重要抓手。习近平在十八届六中全会上强调:党内监督是党的建设的重要内容,也是全面从严治党的重要保障。长期以来,党中央高度重视党内监督,采取了有力措施,取得了显著成绩。同时也出现了一些突出矛盾和问题。一个时期以来党内发生的种种问题,与管党治党宽松软有密切关系。全面从严治党,必须从根本上解决主体责任缺失、监督责任缺位、管党治党宽松软的问题,

---

[①] 《中共中央印发〈中国共产党重大事项请示报告条例〉》,载《人民日报》(北京),2019年3月1日,第2版。

把强化党内监督作为党的建设重要基础性工程,使监督的制度优势充分释放出来。①

《条例》明确指出党内监督的任务是:确保党章党规党纪在全党有效执行,维护党的团结统一,重点解决党的领导弱化、党的建设缺失、全面从严治党不力、党的观念淡漠、组织涣散、纪律松弛,管党治党宽松软问题,保证全体党员发挥先锋模范作用,保证党的领导干部忠诚干净担当。由此可见,加强党内监督,建立健全党内监督体系已是刻不容缓、迫在眉睫。

在深刻总结历史经验、科学判断当下形势的基础上,党的十八届六中全会作出加强党内监督、建立健全党内监督体系的战略部署,把党的中央组织的监督、党委(党组)的监督、党的纪律检查委员会的监督、党的基层组织和党员的监督统一起来;把信任激励同严格监督结合起来,坚持党内监督和人民群众监督、外部监督结合起来,构建起科学严密的党内监督体系,使党内监督不留死角、没有盲点,形成了党内监督的整体合力。

当然,加强党内监督归根到底仍在于抓好执行和落实。强化党内监督的执行力,首先要转变观念,习惯于在监督约束下工作,摒弃"多栽花、少挑刺"的庸俗观念,摒弃"事不关己、高高挂起"的错误观念,主动接受来自各方面的监督。其次要强化责任,促使党的领导干部做到有权必有责、有责要担当,用权受监督、失责必追究。再者要党务公开,信息透明,使权力运行置于监督之下,使利益输送、权力寻租在监督下无处躲藏。

党的十八大以来,立足于党内监督全覆盖的要求,纪检监察机关不断创新党内监督的方式方法,推动纪律检查体制改革。例如,明确实施党风廉政建设的责任制,由党委负主体责任,纪委负监督责任,用"两个责任"来落实追究制度。2016年7月,《中国共产党问责条例》印发,成为第一部关于问责工作的党内法规,使党内问责规范化、制度化、程序化。再如,由中央纪委向中央一级党和国家机关派驻纪检机构,以此推进派驻监督制度改革,等等。2017年1月,十八届中央纪委七次全会审议并通过了《中国共产党纪律检查机关监督执纪

---

① 《关于新形势下党内政治生活的若干准则 中国共产党党内监督条例》,北京:人民出版社,2016年,第72页。

工作规则(试行)》，首次用制度来回应"谁来监督纪委"的问题，明确规定了纪委监督执纪的流程与环节。

最值得一提的是，在加强党内监督过程中，对巡视工作作了战略性、制度性的新要求。从常规巡视到专项巡视，再到巡视"回头看""机动式"巡视试点、坚定不移深化政治巡视等，使巡视制度充满活力，散发巨大威力，充分体现了"利剑"作用，不断推动党内监督向纵深发展。2017年7月10日，为贯彻落实党的十八届六中全会精神，深化政治巡视，修改后的《中国共产党巡视工作条例》正式施行，进一步发挥了巡视监督对于全面从严治党的重要作用，是党内监督落细落小落实的具体体现，推动形成党内监督的有效执行力。

2. 健全国家监督体系

在我国，中国共产党是事业的领导核心。我们党全面领导、长期执政，面临的最大威胁是权力得不到有效制约和监督，领导干部容易受到诱惑和腐蚀。党的执政地位决定了加强对权力运行的监督制约，首先必须加强党内监督，但健全国家监督体系也十分重要。

党的十九大报告提出，深化国家监察体制改革，将试点工作在全国推开，组建国家、省、市、县监察委员会，同党的纪律检查机关合署办公，实现对所有行使公权力的公职人员监察全覆盖。制定国家监察法，依法赋予监察委员会职责权限和调查手段，用留置取代"两规"措施。改革审计管理体制，完善统计体制。构建党统一指挥、全面覆盖、权威高效的监督体系，把党内监督同国家机关监督、民主监督、司法监督、群众监督、舆论监督贯通起来，增强监督合力。

2018年3月20日十三届全国人大一次会议审议通过的监察法，总结党的十八大以来廉政建设和反腐败斗争的实践经验，总结国家监察体制改革成果，对监察工作的指导思想、原则方针、领导体制作了明确规定。同时，监察法也对监察委员会的产生、性质及职责；监察范围、权限及程序；反腐败国际合作；对监察机关和监察人员的监督、法律责任等一系列内容作了明确规定。监察法的制定、颁布及实施，对健全国家监督体系、实现国家监察全覆盖，继续深入开展反腐败斗争，推进国家治理现代化，必将产生积极的推动作用。深化国家监察体制改革，成立监察委员会，则加强了对行使公权力的所有公职人员的监督，丰富了对权力进行制约的形式。

此外,2019年1月,中共中央办公厅印发了中央纪委制定的《中国共产党纪律检查机关监督执纪工作规则》(以下简称《规则》)。《规则》主动强化自我约束,为规范监督执纪权力,打造忠诚干净担当的纪检监察干部队伍起了重要作用。

天网恢恢,疏而不漏。"达摩克利斯之剑"已然高高悬挂,加强党和国家监督,健全集中统一、权威高效的党和国家监督体系,将使"不能腐"的制度体系进一步构筑,为全面从严治党提供坚实的全方位保障。

(六)加强廉政建设和反腐败斗争

加强廉政建设和反腐败斗争,是全面从严治党的重中之重。党的十八大以来,我们党以零容忍的坚决态度重拳出击,惩治腐败,坚持"老虎""苍蝇"一起打,"以猛药去疴、重典治乱的决心,以刮骨疗毒、壮士断腕的勇气,坚决把党风廉政建设和反腐败斗争进行到底"[1]。受中央纪委委托,国家统计局于2016年10月底至11月底开展了全国党风廉政建设民意调查。调查报告显示,92.9%的群众对党风廉政建设和反腐败工作成效表示满意,比2012年提高17.9个百分点。调查报告还显示,与往年相比,2016年群众的满意度、信心度、重视度、遏制度指标均有所提高,全面从严治党各项标本兼治措施得到人民群众高度认可。92.1%的群众认为2016年深入贯彻落实中央八项规定精神、持续纠正"四风"有效果,比2013年提高10.8个百分点。90.1%的群众认为治理侵害群众利益的不正之风和腐败问题有效,比2012年提高18.1个百分点。但同时,调查报告也显示,关于当前反腐败斗争形势依然严峻复杂主要体现在哪些方面,40.0%的群众选择腐败案件时有发生、远未绝迹,排第一位;25.4%的群众选择体制机制等深层次问题有待进一步解决,排第二位;21.1%的群众选择"四风"问题树倒根在,仍有反弹压力,排第三位。上述数据表明,目前管党治党宽松软问题尚未根本改变,全面从严治党任务依然艰巨繁重,须臾不可松懈。[2]

党的十九大报告指出,人民群众最痛恨腐败现象,腐败是我们党面临的最

---

[1] 《习近平谈治国理政》,北京:外文出版社,2014年,第394页。
[2] 《受中央纪委委托,国家统计局开展的全国党风廉政建设民意调查显示 逾九成群众对反腐成效表示满意》,载《新华每日电讯》,2017年1月8日。

大威胁。只有以反腐败永远在路上的坚韧和执着,深化标本兼治,保证干部清正、政府清廉、政治清明,才能跳出历史周期律,确保党和国家长治久安。当前,反腐败斗争形势依然严峻复杂,巩固压倒性态势、夺取压倒性胜利的决心必须坚如磐石。要坚持无禁区、全覆盖、零容忍,坚持重遏制、强高压、长震慑,坚持受贿行贿一起查,坚决防止党内形成利益集团。

中国共产党从诞生之日起,就将腐败视为天敌,将清正廉洁作为自己的政治本色。在当前利益多元化的时代,党能否加强廉政建设,有效遏制腐败,直接关系到党的生死存亡、国家的长治久安。反腐倡廉一要靠思想教育。宋代著名文学家苏轼在其《范增论》中有一句警世名言:"物必先腐也,而后虫生之。"这句古语告诫我们,党员尤其是干部必须时刻绷紧廉洁自律这根弦,加强党性修养,坚定理想信念,陶冶道德情操,通过道德自觉推动行为自觉,始终把清正廉洁作为自己的精神追求,牢固树立正确的权力观、政绩观,筑起拒腐防变的思想道德防线。反腐倡廉二要靠严格制度。通过改革完善党的纪律检查体制,加强反腐败工作体制机制创新,建立健全监督体系,不断改进巡视制度,加强国际追逃追赃,才能真正形成不敢腐、不能腐、不想腐的有效机制。

只有继续保持反腐败的高压态势,坚持治标治本相统一,坚持零容忍态度绝不动摇,才能形成反腐倡廉的强大威慑力,积小胜为大胜,最终取得廉政建设、反腐败斗争的彻底胜利。只有把反腐倡廉作为党的建设的生命工程,持之以恒地加以推进,才能以清正廉洁的政治本色和反腐败的显著成效来赢得人民群众的信任和拥护,从而获得可靠的群众基础和力量源泉,确保"两个一百年"奋斗目标以及中华民族伟大复兴中国梦能够顺利实现。

(七)案例分析

1. 依靠学习教育熔铸共产党人精神之魂

党的十八大以来,以习近平总书记为核心的党中央高度重视并坚定推进全面从严治党,在实践中提出许多新要求、实施许多新举措,使党的建设出现新气象新成就。其中,尤其注重加强思想建设这一基础性建设,开展经常性的学习教育,使全党理想信念更加坚定、党性更加坚强。例如,先是在全党深入开展党的群众路线教育实践活动;之后在县处级以上领导干部中开展"三严三实"专题教育活动;接着又在全体党员中开展"两学一做"学习教育活动,2017

年3月,党中央更是提出要推进"两学一做"学习教育常态化制度化;党的十九大提出在全党开展"不忘初心、牢记使命"主题教育。这一系列学习教育活动的开展,教育引导全党牢记党的宗旨,挺起了共产党人的精神脊梁。这一系列学习教育活动的开展,从内容到形式都令人耳目一新,并且由于真学真做,认真地落实落细,使全党不仅形成良好的学习教育风气,更在实践中起到极大的指引作用,党风得到集中整饬,党心民心显著凝聚,为开创中国特色社会主义事业新局面提供了重要保证。

2019年6月以来,全党开展了"不忘初心、牢记使命"主题教育活动。习近平总书记强调,党的十九大决定,以县处级以上领导干部为重点,在全党开展"不忘初心、牢记使命"主题教育。2019年是中华人民共和国成立70周年,也是我们党在全国执政第70个年头,在这个时刻开展这次主题教育,正当其时。[①]"正当其时",深刻阐明了在新中国成立70周年这一重要时间节点开展"不忘初心、牢记使命"主题教育的特殊意义,那就是习近平总书记多次强调的"无论我们走得多远,都不能忘记来时的路"[②],要不忘历史、不忘初心,坚定理想信念,牢记宗旨使命,为夺取新时代中国特色社会主义事业的新胜利而努力奋斗。

习近平总书记指出,为中国人民谋幸福,为中华民族谋复兴,是中国共产党人的初心和使命,是激励一代代中国共产党人前赴后继、英勇奋斗的根本动力。开展这次主题教育,是用新时代中国特色社会主义思想武装全党的迫切需要,是推进新时代党的建设的迫切需要,是保持党同人民群众血肉联系的迫切需要,是实现党的十九大确定的目标任务的迫切需要。[③]这四个"迫切需要"深刻阐明了开展"不忘初心、牢记使命"主题教育的重大意义,必须充分认识、深入领会,才能在思想上高度重视、行动上有力贯彻。

---

① 习近平:《习近平在"不忘初心、牢记使命"主题教育工作会议上的讲话》,人民网-"不忘初心、牢记使命"主题教育官方网站,2019年7月1日,http://chuxin.people.cn/n1/2019/0701/c428144-31204538.html。

② 习近平:《习近平在"不忘初心、牢记使命"主题教育工作会议上的讲话》,人民网-"不忘初心、牢记使命"主题教育官方网站,2019年7月1日,http://chuxin.people.cn/n1/2019/0701/c428144-31204538.html。

③ 习近平:《习近平在"不忘初心、牢记使命"主题教育工作会议上的讲话》,人民网-"不忘初心、牢记使命"主题教育官方网站,2019年7月1日,http://chuxin.people.cn/n1/2019/0701/c428144-31204538.html。

习近平总书记强调,开展"不忘初心、牢记使命"主题教育,要认真贯彻"守初心、担使命,找差距、抓落实"的总要求;要牢牢把握深入学习贯彻新时代中国特色社会主义思想、锤炼忠诚干净担当的政治品格、团结带领全国各族人民为实现伟大梦想共同奋斗的根本任务;要努力实现理论学习有收获、思想政治受洗礼、干事创业敢担当、为民服务解难题、清正廉洁作表率的具体目标;同时,要把学习教育、调查研究、检视问题、整改落实贯穿主题教育全过程,努力取得最好成效。① 全党要认真贯彻主题教育总要求,坚持思想建党、理论强党,坚持效果导向、努力实现预期目标,使全体党员尤其是党的干部得到思想上的升华、精神上的洗礼,不忘初心、牢记使命,更加自觉地为担当起新时代党的历史使命而砥砺奋进。

案例 1:"他和老百姓贴得近,老百姓爱戴他"——追记贵阳市公安局南明分局民警吴涛

贵阳市公安局南明分局云关派出所副所长吴涛,因在工作岗位上突发脑溢血,医治无效,永远离开了他热爱的公安工作和心爱的家人。

在 27 年的从警生涯中,吴涛秉持群众利益无小事的工作态度,密切联系群众的工作作风,赢得了群众的好评和赞扬。吴涛去世后,数百名农民自发前往吊唁,不少群众称赞说:"他和老百姓贴得近,老百姓爱戴他。"

云关派出所教导员高建设说,吴涛 1986 年从警校毕业后参加公安工作,先后在好几个派出所工作过,2001 年调入云关所任副所长,同时还兼任了 11 年的社区民警。在基层派出所工作的 27 年里,他从来没请过一天假,也没找人代过一次班。他的口头禅是:"为让群众睡个安稳觉,再苦再累也值得。"

在基层工作 27 年的吴涛,虽然没有惊天动地的英雄壮举,但他从一点一滴的小事做起,赢得了群众的信赖。尹丛芳是云关乡木头村一户贫困村民收养的小孩。她的养父母先后不幸去世。尹丛芳只能与年过七旬的收养奶奶相依为命。吴涛得知此事后,主动向上级领导反映了这一情况,各级领导和爱心人士纷纷前往慰问和帮助。吴涛与相关职能部门联系,在最短的时间内帮助

---

① 习近平:《习近平在"不忘初心、牢记使命"主题教育工作会议上的讲话》,人民网-"不忘初心、牢记使命"主题教育官方网站,2019 年 7 月 1 日,http://chuxin.people.cn/n1/2019/0701/c428144-31204538.html。

尹从芳解决了上户口问题。

"润物细无声"是吴涛开展群众工作的心得,他时常对同事说,只要长期坚持耐心细致的群众工作,群众的满意度就会提高,公安的形象也会随之提升。2012年11月的一个凌晨,一辆大货车坏在了贵阳市富源南路改造工程的工地上,堵住了正繁忙施工的车辆通行。接到报警后,吴涛带领巡防队员赶到现场。在现场,货车司机不知去向,车牌损坏,无法查到车辆信息。事发村庄为吴涛的治安联系点,他敲开了多家村民的房门,请村民去辨认车辆,最终找到了司机,才疏通了道路,确保了畅通。

吴涛在云关所工作期间,长期负责辖区维稳工作,他善用调解方式,耐心细致地做群众工作,将许多社会矛盾化解在基层和萌芽。2008年5月,贵阳市二环路修建立交桥需要拆除云关乡部分村民修建的违章建筑。城管队员拆违时被百余名村民围困,吴涛带领民警前去解救,却被打伤住院近一个月。出院后,吴涛主动要求再次前往开展群众工作,一连几天,他都蹲点在当地,挨家挨户耐心细致地讲道理、摆政策。后来参与闹事的村民都觉得对不起吴涛,反过来帮助警方做群众工作。

2001年,吴涛从后巢派出所调往云关派出所工作时,100多名得到消息的后巢乡村民,集体写信给南明公安分局党委,请求把这位"群众贴心人"留下来。吴涛工作调动后,仍与后巢乡群众保持密切联系。后巢乡村民杨帮选说,大家都知道吴涛是6月1日儿童节的生日,这些年每到这一天,一些乡亲都会邀约一起"给这'老儿童'过生"。①

分析:

随着我国改革发展的进程不断加快,社会发展中新的问题新的矛盾不断涌现。中国共产党在面临执政考验、改革开放考验、市场经济考验、外部环境考验等四大考验的同时,精神懈怠的危险、能力不足的危险、脱离群众的危险、消极腐败的危险更加尖锐地摆在全党面前。在党的队伍中,有的党员干部情感上不贴近群众,对群众疾苦漠不关心,对群众呼声置若罔闻,对群众利益麻木不仁,对群众危难视而不见。一些地方干群关系紧张,群众性事件易发多

---

① 典型人物-专题报道-人民网,http://cpc.people.com.cn/GB/67481/359666/359687/index.html。

发,党和政府的公信力受到严重削弱。为了提高党的执政能力,从严治党,切实解决自身存在的突出问题,切实改进工作作风,密切联系群众,使中国共产党始终成为中国特色社会主义事业的坚强领导核心,党的十八大之后,全党上下深入开展了党的群众路线教育实践活动。

吴涛同志是党的群众路线教育实践活动中涌现出来的典型人物之一,正如贵州省公安厅厅长崔亚东所指出的:"吴涛同志扎根基层27年如一日,在平凡的工作岗位做出了不平凡的业绩,不愧为党的忠诚卫士;他始终把群众当成自己的父母对待,带着深厚的感情全心全意为人民服务,把群众的小事当大事、家里事,讲究群众工作方法,是新时期群众工作的楷模,是人民群众的贴心人;他工作任劳任怨,不计名利和得失,是贵州公安队伍的骄傲和榜样。"①

党的群众路线教育实践活动是以"为民、务实、清廉"为主题,按照"照镜子、正衣冠、洗洗澡、治治病"的总要求,自上而下在中共全党深入开展。教育活动紧紧围绕保持党的先进性和纯洁性,以为民务实清廉为主要内容,以县处级以上领导机关、领导班子和领导干部为重点,切实加强全体党员马克思主义的群众观点和党的群众路线教育。

中国共产党作为马克思主义的执政党,最大的政治优势就是密切联系群众,最大的危险就是脱离群众。时刻牢记全心全意为人民服务的根本宗旨,坚持群众路线,保持同人民群众的血肉联系,才能有效化解脱离群众的危险。党的群众路线教育实践活动从党的干部管理教育出发,深化党员干部群众路线思想,保持党的先进性和纯洁性;溯本清源,从群众中来到群众中去,密切联系群众,让广大党员干部在群众工作中不断反思,从群众中汲取工作的动力,找到工作的方向,认真践行党的服务宗旨。

案例2:一个共产党人的一辈子——追记云南省保山市原地委书记杨善洲

杨善洲,云南保山地委书记。从事革命工作近40年,始终保持艰苦朴素的本色,廉洁奉公、全心为民,勤奋工作,为保山经济社会发展做出了突出贡

---

① 典型人物-专题报道-人民网,http://cpc.people.com.cn/GB/67481/359666/359687/index.html.

献。1988年6月退休以后,他主动放弃进省城安享晚年的机会,扎根施甸县大亮山兴办林场,一干便是22个春秋,带领大家植树造林5.6万亩,林场林木覆盖率达87%以上。把昔日的荒山秃岭变成了今朝生机勃勃的绿色天地,使当地恶劣的自然环境得到明显改善。两袖清风,清廉履职,忘我工作,一心为民,只为了兑现自己当初"为当地群众做一点实事不要任何报酬"的承诺。作为一名共产党员,杨善洲同志60年如一日,始终坚定共产主义理想信念,牢记党的宗旨,时时处处以共产党员的标准来衡量和要求自己。杨善洲曾说:"我1952年入党,其实当时自己没想到入党,觉得自己条件不够,是组织上看我表现不错,把我确定为重点培养对象。随着思想觉悟的提高,越来越觉得加入中国共产党是一种正确的选择。共产党的宗旨是全心全意为人民服务,远大目标是使整个中华民族富裕起来,这正是我一直想做的事情。入党后,我很快找到了人生方向和奋斗目标。我是共产党员,哪能光想着自己?把自己的家庭搞得富丽堂皇,别人却还过着艰难日子,那么,我们常说的完全、彻底地为人民服务,不是成了骗人的假话吗?无论在什么时候,何种环境中,我们都不能忘记了党的根本宗旨,都应该把坚持党的宗旨作为一切行动的出发点和归宿。"①

分析:

"三严三实"是从领导干部的为人之道与为政之德对党员领导干部提出的新要求。这项专题教育活动的开展旨在进一步约束党员特别是领导干部,推进党的自身建设,保证党建科学化发展。

杨善洲是中国共产党最基层党员干部的优秀典范,是广大党员严以修身、严以用权、严以律己的楷模。但在党的队伍中,修身不严、为人不实的党员干部也有存在。目前阶段,在党的队伍中,形式主义、官僚主义、享乐主义和奢靡之风依然存在。少数领导干部理想信念动摇,宗旨意识淡薄,精神懈怠;贪图名利,弄虚作假,不务实效;脱离群众,脱离实际,不负责任;铺张浪费,奢靡享乐,甚至以权谋私、腐化堕落。这些问题尽管是老问题,尽管是少数,但依然损害党在人民群众中的形象,损害党群干群关系,不仅与我们党的宗旨格格不入,也是党性不强、纪律不严的体现。2014年3月9日,习近平总书记在十二

---

① 《一个共产党人的一辈子——追记云南省保山市原地委书记杨善洲》,人民网,http://cpc.people.com.cn/BIG5/67481/94157/213167/13844292.html。

届全国人大二次会议安徽代表团参加审议时,关于推进作风建设的讲话中,提到"既严以修身、严以用权、严以律己,又谋事要实、创业要实、做人要实"的重要论述。

我们党最大的优势就是密切联系群众,在当前中华民族为实现伟大复兴的中国梦进程中,只有依靠人民群众这一最广泛的主体,才能汇聚成实现这一目标的强大力量。对于各级领导干部来说,只有时刻以人民利益为重,始终坚持权为民所用,利为民所谋,时刻注意关心群众冷暖,了解群众生活,改进自己的工作方法,才能真正将"三严三实"落到实处。[①] 根据党的宗旨要求,党员要不断加强党性修养,坚定理想信念,提升道德境界,追求高尚情操,自觉远离低级趣味,自觉抵制歪风邪气。中国共产党党员如何才能在权利、金钱、美色等诱惑面前经得住考验,如何才能在拒腐防变的政治要求前,体现出共产党员的先进性。共产党员自身的楷模作用需要共产党员从自身做起,严格要求,不断修炼自身素质,为人民实实在在做事,实实在在创业,老老实实做人。

案例3:"扶贫县官"罗官章 五峰大山里的致富领路人

"当干部总有退休的一天,但作为一名合格的共产党员,是要为人民服务一辈子的。"退休后,在五峰土家族自治县牛庄乡扶贫19年的罗官章经常这样说。

五峰牛庄乡被誉为"宜昌西藏",平均海拔达到1 540米,一直是宜昌最偏远和最贫困的地区之一。在这片高寒山区,生活着8 000多位农民,世世代代与贫困作斗争。

曾在这里当了13年乡党委书记的罗官章看在眼里急在心里,1997年,他从五峰县人大常委会副主任位子上刚一退休,就一头扎进牛庄的深山老林。这一待就是19年,罗官章说,他内心只有一个念头:一定要带领乡亲们富起来。他始终觉得,自己虽然在任上解决了老百姓们的"粮袋子",却始终没有解决群众的"钱袋子"。"不让乡亲们荷包里有钱用,我死了也闭不上眼。"

回到牛庄后,经过实地考察,罗官章意识到乌天麻是这里最出名的中药

---

① 赵见波:《"三严三实"与党的作风建设新视野》,载《大连干部学刊》,2014年第6期。

材,但野生产量极低,如果能通过人工培育增加产量,一定能为乡亲们带来增收。他跑遍牛庄的山沟沟找天麻,又自费1万多元前往陕西、四川学技术。

在培养适合天麻生长的蜜环菌和萌发菌的过程中,有一次切割菌材,罗官章不小心被锯断了大拇指和食指,但他休息了不到1天就又回到田间继续工作。

4年的艰辛付出,终于攻克天麻培育技术,罗官章毫无保留地告诉了乡亲们,还自掏腰包帮助村民种天麻。现在,天麻已经成为牛庄人创收增收的支柱产业之一,许多人靠着种天麻盖起了洋楼,买了小汽车,过上了好日子。

19年来,罗官章就是这样苦心钻研技术、研究市场、把握方向,带领乡亲们一起种植中药材和各种经济作物,1 500多位农户在他的带领下,实现了5.1亿元的累计增收,他用实际行动兑现了心中对乡亲们的承诺。①

分析:

2016年2月,中共中央办公厅印发《关于在全体党员中开展"学党章党规、学系列讲话,做合格党员"学习教育方案》,在全党开展"两学一做"学习教育活动。

年近八旬的全国优秀共产党员罗官章,退休后仍常年坚守脱贫致富第一线的事迹被人们广为称颂。19年来,罗官章,这位退休"县官"风里来雨里去,只为心中的一个信念,那就是"一定要找到一条路,让老百姓的荷包鼓起来"。老人用自己的坚守,告诉我们怎样去做一名合格的党员,怎样用实际行动来体现全心全意为人民服务的宗旨。他用自身的先锋模范作用,让我们感受信仰的力量、榜样的力量,时时鼓舞激励所有的共产党员不忘初心、砥砺奋进。

"两学一做"学习教育,基础是"学",关键在"做"。学习党章党规、学习习近平总书记系列重要讲话精神,归根到底是为了做合格党员,只有学思践悟、知行统一,才能真正取得实效。所以怎样做一名合格党员,是学习教育的落脚点。做合格党员,就是在新形势下,努力做"四讲四有"的合格党员,即讲政治、有信念,政治合格;讲规矩、有纪律,执行纪律合格;讲道德、有品行,品德合格;讲奉献、有作为,发挥作用合格。

---

① 共产党员网,http://biaozhang.12371.cn/2016/09/30/ARTI1475222143915316.shtml。

退休党员罗官章就是这样一位"四讲四有"的合格党员、优秀党员。"只要村民不失败,我失败百次千次都不后悔",这种信仰叫坚持;"只要村民不赔钱,自己把身家性命搭上也愿意",这种精神叫担当;"只要村民能致富,无偿提供再多菌种都值得",这种奉献叫无私。罗官章老人以他坚定不移带领村民脱贫致富的理想信念、艰苦奋斗的实干担当、一切为了人民群众的无私奉献告诉人们什么是真正的共产党员。榜样的力量是无穷的,我们应像罗官章那样,时刻把"四讲四有"铭记在心并身体力行,做一名合格的共产党员。

2017年3月,中共中央办公厅印发《关于推进"两学一做"学习教育常态化制度化的意见》,并发出通知,要求各地区各部门认真贯彻落实。这就意味着"两学一做"已成为思想建党、组织建党、制度治党的有效途径,成为全面从严治党的战略性、基础性工程。全党必须紧紧对标新的要求,强化思想、政治、行动自觉;全体党员应向榜样学习,用"四讲四有"标准衡量自身,以"两学一做"长效机制的形成以及学习教育的更大成效推动全面从严治党走向深入。

案例4:中共中央追授郑德荣等7名同志"全国优秀共产党员"称号

2018年6月27日,中共中央发布关于追授郑德荣等7名同志"全国优秀共产党员"称号的决定。

郑德荣,男,汉族,吉林延吉人,1926年1月出生,1952年11月参加工作,1953年11月加入中国共产党,东北师范大学原副校长、荣誉教授、博士生导师。2018年5月3日,因病医治无效去世,享年92岁。郑德荣同志是我国著名中共党史专家,马克思主义中国化研究的重要开拓者和奠基人。他理想信念坚定,毕生追求、信仰马克思主义,毕生研究、宣传马克思主义,67年来始终坚守在教学科研一线,出版学术著作和教材50余部,主编的《毛泽东思想史稿》开创毛泽东思想史科学体系的先河,以鲜明政治立场、卓越学术成就践行对党的事业的忠诚与执着。他学高德馨、以身垂范,牢固树立为党和人民述学立论远大理想,把传承红色基因贯穿立德树人全过程,把党的创新理论贯穿学术研究全过程。他品行高洁、虚怀若谷,从不以资深学者自居,从不为自己和亲属谋取特殊照顾,赢得广大师生和学界普遍敬仰。①

分析：

学习郑德荣等7名同志的先进事迹成为开展"不忘初心、牢记使命"主题教育的重要内容。

习近平总书记在党的十九大报告中明确指出："中国共产党人的初心和使命,就是为中国人民谋幸福,为中华民族谋复兴。"十九大闭幕仅一周,习近平总书记就带领中央政治局常委成员们,到中共一大会址纪念馆重温入党誓词,去嘉兴南湖重温"红船精神",向全党全国人民宣誓不忘初心、牢记使命、继续前进的决心。

伟大时代呼唤伟大精神,崇高事业需要榜样引领。2018年"七一"来临之际,党中央决定,追授郑德荣、钟扬、李泉新、许帅、姜仕坤、张进、张超7名同志"全国优秀共产党员"称号。这是通过树立信念坚定、对党忠诚、担当作为、干事创业的新时代典型,激励和引导广大党员干部进一步把思想和行动统一到习近平新时代中国特色社会主义思想和党的十九大精神上来,进而不忘初心、牢记使命,见贤思齐、锐意进取,努力创造无愧于时代、无愧于人民、无愧于历史的业绩的重要部署和举措,对于新时代党和国家工作的顺利推进具有重大现实意义。使命呼唤担当,榜样引领时代。古人说"见贤思齐""见善如不及"。郑德荣等7名同志是习近平新时代中国特色社会主义思想的模范践行者,是新时代中国共产党人不忘初心、牢记使命、永远奋斗的光辉典范,是新时代党员干部信念坚定、许党报国、为民造福的杰出楷模。全体党员干部都必须向他们学习,以先进典型为榜样,学先进、赶先进、当先进,更加紧密地团结在以习近平同志为核心的党中央周围,奋发有为,扎实工作,为决胜全面建成小康社会、夺取新时代中国特色社会主义伟大胜利、实现中华民族伟大复兴的中国梦不懈奋斗。②

2. 以零容忍态度惩治腐败

案例5：全国人大环境与资源保护委员会原副主任委员白恩培案件警示录

白恩培,原云南省委书记,在位期间,大肆收受贿赂,另有巨额财产来源

---

① 《人民日报》,2018年6月29日,第1版。
② 人民网,http://theory.people.com.cn/n1/2018/0629/c40531-30095036.html。

不明。

白恩培在"忏悔录"中写道:"从支持民企老板在云南发展开始,就产生了从他们身上捞取好处的想法,也确实从他们手中拿到了巨大回报。"据查,白恩培收受的贿赂,大部分来自这些商人老板。

明目张胆出卖公共权力,甘当老板的"办事员""马前卒"。白恩培为商人老板提供帮助,不惜赤膊上阵、亲自打招呼,指示某领导干部为老板办理矿产开采手续,要求某领导干部为老板争取项目,默认其妻请托某领导干部帮助老板搞房地产。他更不惜主动出手、搭桥牵线,主动推荐外地某老板到云南某地投资,要求当地主要领导关照该老板的投资项目。最为不顾廉耻的是他不惜为老板"站台"助威,多次视察、过问老板们请托的项目,甚至以表扬、表彰为他们"添砖加瓦"。正如有的同志所说,白恩培是商人老板的"好员工",只要给够了钱,办起事来不遗余力。

紧盯矿产资源、土地出让和房地产开发这几块"肥肉",攫取巨额利益。白恩培很"精明",不是什么人的请托都办,只有大老板才考虑;不是什么钱都收,只有"大手笔"能入得了法眼。他的涉案行为绝大多数都是为老板在矿产资源、土地出让和房地产开发领域谋取利益,出手帮助老板一次,最多的收数千万元。在白恩培的干预下,一些土地被贱卖给了商人,双方从中获利巨大。干部群众背后骂他是"崽卖爷田心不疼"。

夫妻联手,把家庭变成"权钱交易所"。白恩培在"忏悔录"中写道:"我在前边办事她在后边收钱。有时还有意创造条件让她打着我的旗号去搞权钱交易、接受贿赂。"白恩培以姻亲血缘结成"腐败共同体",他不直接收受钱物,而是由其妻张慧清当"收银员",由张的两个表弟具体办事,其中一个负责在商人和官员中居间协调,另一个管理资金和物品。为便于收钱、洗钱,张慧清还以表弟名义成立10余个皮包公司。白恩培夫妻贪得无厌。2014年7月,白恩培听说组织在调查他,还伙同张慧清将数千万元赃款转移到外地一亲戚处,放作高利贷。白恩培的一个行贿人说:"他们实在是贪婪到了极点。"

热衷玉石翡翠、普洱茶,大肆收受"雅贿"。白恩培号称喜欢玉石、茶叶、红木家具,商人老板就投其所好。办案人员从白家扣到大量玉石翡翠、高档木质家具、雕件制品、普洱茶。白恩培在"忏悔录"中说:"我是能拿的都拿,能要的全要。"一位同志在分析白案时说:"热衷奢侈品,很容易成为进行权钱交易和利益输送的遮羞布。"

"密切联系老板",勾肩搭背、交往无度。白恩培主政云南10年,围绕他的各路商人格外活跃,既有云南本地人,也有从青海、内蒙追随来的。他们为攀上白恩培大搞"感情投资"、尽走"夫人路线",手段无所不用。一些老板经常到白家陪张慧清打麻将,故意输钱给她。白恩培对这些人的企图心知肚明,来者不拒,私交甚密、同吃共乐,有时还乘老板的私人飞机去外地打高尔夫球。

在抓反腐败斗争上大耍"两面派",唯恐殃及自身。不少干部反映,白恩培这个人很善于伪装,表面说一套清廉,背地里行一套阴暗。白恩培的恶劣行径对云南政治生态和发展环境造成难以估量的损失。"贪了10年,玩了10年,耽误了云南10年。结交一批老板,带坏一批干部,重创了政治生态和发展环境。"这是许多云南干部对白恩培的评价。上行下效,导致官商勾结问题突出。①

分析:

官商勾结、利益输送是白恩培案最突出的特征。白恩培案件警示我们,权力和资本绝不可以进行交换。党员干部搞官商勾结,用党和人民赋予的权力为少数不法商人谋取私利,只能是在错误的道路上越行越远,后果不堪设想。取得反腐败斗争压倒性胜利,必须坚持全面从严治党,用最坚决的态度减少腐败存量,用最果断的措施遏制腐败增量,为推进"四个全面"提供根本保证。要减少行政权力对微观经济活动的干预,规范党员干部与商人老板的交往,加大矿产资源、土地出让等重点领域纪律审查力度,斩断官商勾结的利益链条,防止权力失控、行为失范。②

党风廉政建设和反腐倡廉是关系到党和国家生死存亡的大事。党的十八大以来,习近平总书记站在时代发展和战略全局高度,强调要坚持把作风建设抓到底,坚决遏制腐败现象滋生蔓延势头。白恩培作为党在地方的主要领导

---

① 《领导干部违纪违法典型案例警示录》,http://www.qhdjs.gov.cn/partys/showinfo.aspoc?id=3314。
② 《领导干部违纪违法典型案例警示录》,http://www.qhdjs.gov.cn/Partys/showinfo.aspx?id=3314。

干部,丧失党性原则和底线,滥用职权,严重贪污腐败,毁坏了党在群众中的形象。腐败是党之大患,任何公权力都面临被腐败侵蚀的风险,作为中国的执政党,中国共产党永远会面对与腐败的斗争。无论中国的国际环境如何变化,国内发展处于什么阶段,中国共产党为人民服务的宗旨不会变,党的廉洁自律准则不会变。

习近平总书记曾强调要用铁的纪律整治各种面上的顶风违纪行为,落实到工作中,就要突出抓好"五防"。一要防盲目乐观。二要防反弹回潮。三要防浅尝辄止。四要防压力衰减。五要防花样翻新。做好党风廉政建设,持续推动党风民风向善向上,做中国特色社会主义建设的核心力量。

动 态 模 块

四、新时代中国共产党的历史使命

党的十九大报告指出:"实现中华民族伟大复兴是近代以来中华民族最伟大的梦想。中国共产党一经成立,就把实现共产主义作为党的最高理想和最终目标,义无反顾肩负起实现中华民族伟大复兴的历史使命,团结带领人民进行了艰苦卓绝的斗争,谱写了气吞山河的壮丽史诗。"[1]共产主义不是一蹴而就的,中国共产党在不同的历史时期有着不同的历史使命,新时代中国共产党的历史使命,是继续为中国人民谋幸福、推进实现中华民族伟大复兴。要以强烈的使命意识、勇毅的使命担当、坚定的使命自信,牢记历史使命,不负人民重托,无愧历史选择,书写出更加精彩的华章。实现中华民族伟大复兴,关键在党。

(一)中国共产党的领导地位是历史和人民的选择

中华民族是一个具有五千多年悠久历史和灿烂文明的伟大民族。鸦片战争后,中国陷入内忧外患的黑暗境地,中国人民经历了战乱频仍、山河破碎、民不聊生的深重苦难。正是从那时起,中华儿女开始把实现民族复兴作为最迫切的愿望和最伟大的梦想。为了实现民族复兴,无数仁人志士不屈不挠、前仆后继,进行了可歌可泣的斗争,但终究都没能改变旧中国的社会性质和中国人

---

[1] 习近平:《决胜全面建成小康社会 夺取新时代中国特色社会主义伟大胜利——在中国共产党第十九次全国代表大会上的报告(2017年10月18日)》,北京:人民出版社,2017年,第13页。

民的悲惨命运。

1921年7月,中国共产党诞生。中国共产党从成立之日起,就义无反顾地承担起了实现中华民族伟大复兴的历史使命。当时的中国战乱频仍、山河破碎、民不聊生,如何求解国家独立、民族解放之道成为中国一切进步力量的"最大公约数"。为了实现中华民族伟大复兴这个近代以来中华民族最伟大的梦想,中国共产党进行了长期不懈、艰苦卓绝的持续探索,领导人民建立了新中国,在中国确立了社会主义制度,作出了实行改革开放的伟大决策,我们党团结带领人民经过28年的浴血奋战,推翻了压在中国人民头上的帝国主义、封建主义、官僚资本主义三座大山,胜利完成了新民主主义革命,建立了中华人民共和国,实现了民族独立、人民解放、国家统一、社会稳定,实现了中国从几千年封建专制政治向人民民主的伟大飞跃;我们党团结带领人民进行社会主义革命,完成了中华民族有史以来最为广泛而深刻的社会变革,建立了符合我国实际的先进社会制度,实现了中华民族由近代不断衰落到根本扭转命运、持续走向繁荣富强的伟大飞跃;我们党团结带领人民进行改革开放新的伟大实践,开辟了中国特色社会主义道路,极大地解放和发展了社会生产力,增强了综合国力,提高了人民生活水平,使中国大踏步赶上了时代的发展。

中国共产党成立90多年来的历史,是领导全国各族人民为实现民族独立、人民解放和国家富强、人民幸福而不懈奋斗的历史;是不断探索适合中国国情的革命和建设道路,推进马克思主义中国化的历史;是保持和发展自身先进性,在各种风险和挑战的考验中发展壮大的历史。这90多年,并由此上溯到1840年以来170多年的历史充分证明,没有中国共产党,就没有新中国,就没有中国的现代化,就没有中华民族伟大复兴的光明前景。中国共产党的领导,既是中国人民的历史选择,也是中国人民的现实选择。中国共产党同中国民众的联系,对中国社会主义事业的领导,是在90多年的奋斗历史中形成的。

第一,中国共产党能够实现中华民族的伟大复兴,其领导地位是中国历史发展的必然选择。没有中国共产党,就不能改变中华民族积贫积弱的悲惨局面,就不能实现中华民族伟大复兴的中国梦。中国共产党的成立,给因辛亥革命失败而迷茫的人民群众带来了光明和希望,为他们的斗争开拓了通向胜利的新航道。从此,领导反帝反封建的革命斗争、争取民族独立和人民解放、实现振兴中华的伟大使命,历史地落到了中国共产党的身上。自从有了中国共产党,中国革命的面貌就为之一新。近代中华民族面临着两大历史任务,一个是求得民族独立和人民解放,一个是实现国家繁荣富强和人民共同富裕。这规定着中国历史的发展方向,也决定着中国各政治力量的历史地位:哪种政治力量能够带领人民实现这两大任务,它就能够成为引领中国历史发展前进方向的领导力量,否则,即便是一时站在历史舞台的中心,也必然如过眼烟云般地退场。历史是公平的。在近代以来的中国政治舞台上,历史对各阶级及其政治势力都给予了表现机会。封建地主阶级、农民阶级、资产阶级,都先后在历史舞台上粉墨登场,各社会阶层都在探索救国救民的道路。从太平天国农民起义到抗击列强的义和团运动,从洋务运动、维新变法乃至第一次严格意义上的资产阶级民主革命运动——辛亥革命,但由于找不到正确的救国道路,提不出科学的理论纲领,形不成坚实的群众基础,这些斗争都失败了,都没有把中国建立成独立自强的现代民主国家,都没有从根本上改变人民群众受压迫受奴役的基本面貌。只有在中国共产党成立之后,中华民族复兴的浪潮不断高涨,国家境况逐渐好转。90多年来,中国共产党带领中国人民做了影响深远的"三件大事":推翻了帝国主义、封建主义、官僚资本主义的反动统治,实现了民族独立和人民解放,建立了人民当家作主的新中国;确立了社会主义基本制度,在一穷二白的基础上建立了独立的比较完整的工业体系和国民经济体系,使古老的中国以崭新的姿态屹立在世界的东方;开创了中国特色社会主义道路,初步建立起社会主义市场经济体制,大幅度提高了我国的综合国力和人民生活水平,为全面建设小康社会、基本实现社会主义现代化开辟了广阔的前景。由此实现了"三大历史性转变":从半殖民地半封建社会到民族独立、人民当家作主新社会的历史性转变,从新民主主义革命到社会主义革命和建设的历史性转变,从高度集中的计划经济体制到充满活力的社会主义市场经济体制、从封闭半封闭到全方位开放的历史性转变。这些成绩,根本改变了中华民族的命运。中国共产党在中国的领导地位,不是上天赐予的,不是自封的,而是在长期革命斗争和建设实践中逐步形成的,是近代中国历史发展的必然选择。

第二,中国共产党能够实现中国人民的根本利益,其领导地位是中国人民长期比较的必然结果。马克思主义强调,人民是历史的主体。历史的选择就是人民的选择,是通过人民对各种政治力量的长期比较和选择实现的。这种"历史比较",在民主革命时期,主要表现为人民对共产党和国民党两大政治力量的比较,中国共产党经过人民的严格"考试",被拥上了领导者和执政者的地位。1940年3月,华侨领袖陈嘉庚率"南洋华侨回国慰问考察团"到重庆、延安考察参观并慰问抗日将士。通过对国统区与解放区、重庆与延安的比较,他感慨地断言:"得天下者,共产党也!"这一感言代表着人民共同的政治向往。在淮海战役中,中国百万农民用小推车表明了自己的选择。陈毅元帅曾经感慨地说:淮海战役是山东人民用小推车推出来的。这种"历史比较",在党执政特别是长期执政的条件下,主要表现为中国与世界各国尤其是处于同一发展水平国家的比较,人民继续坚定地选择中国共产党作为自己的领导者。在党的坚强领导下,我国国内生产总值快速增长,经济总量在2010年跃升到世界第二位。人民生活实现了由贫困到总体小康的历史性跨越,中国已经成为拉动世界经济发展的重要力量。这些充分说明,中国共产党能够实现人民的根本利益,能够实现人民关于美好生活的共同向往,这是中国人民在各种政治力量的比较中选择中国共产党的根本原因。

中国共产党90多年波澜壮阔的伟大历史雄辩地证明:党的历史地位不是自封的,是由党的性质和宗旨决定的,中国共产党的领导地位是历史和人民的选择。①

(二)把人民对美好生活的向往作为奋斗目标

人民是历史的创造者。始终坚持植根人民、依靠人民、服务人民,是我们党保持旺盛生命力的不竭之源。习近平总书记在党的十九大报告中强调:"全党同志一定要永远与人民同呼吸、共命运、心连心,永远把人民对美好生活的向往作为奋斗目标。"②党的十九大描绘的宏伟蓝图,其核心宗旨在于以人民为

---

① 陈晋:《中国共产党的领导核心地位是历史和人民的选择》,2016年7月3日,http://news.cctv.com/2016/07/03/ARTI5mAMdWbx3ibMQCNWWaDy160703.shtmll。

② 习近平:《决胜全面建成小康社会 夺取新时代中国特色社会主义伟大胜利——在中国共产党第十九次全国代表大会上的报告》,北京:人民出版社,2017年。

中心的发展思想,让改革发展成果更多更公平地惠及全体人民。

把人民对美好生活的向往作为奋斗目标,是由中国共产党的性质和宗旨决定的。所谓"性质",是指"一种事物区别于其他事物的根本属性";所谓"宗旨",是指"主要的目的和意图"。中国共产党是什么性质的党,它与其他政党和社会团体有哪些区别,它主要的目的和意图是什么,这些都是首先应该弄清楚的问题。

关于党的性质,《中国共产党章程》作出了最为权威的阐述:"中国共产党是中国工人阶级的先锋队,同时是中国人民和中华民族的先锋队,是中国特色社会主义事业的领导核心,代表中国先进生产力的发展要求,代表中国先进文化的前进方向,代表中国最广大人民的根本利益。党的最高理想和最终目标是实现共产主义。"从这些阐述中,我们可以把党的性质总结为:两个先锋队、一个核心、三个代表、一个最高理想和最终目标。

"中国共产党是中国工人阶级的先锋队"讲述的是党的阶级基础,"同时是中国人民和中华民族的先锋队"讲述的是党的群众基础。所有的政党都具有一定的阶级基础,是一定阶级意志和利益的代表者,是这个阶级的组织者和领导者。所有的共产党都以工人阶级为基础,这是从马克思、恩格斯创建第一个共产党组织时就确立的基本原则。马克思指出:"工人阶级在反对有产阶级联合权力的斗争中,只有组织成为与有产阶级建立的一切旧政党对立的独立政党,才能成为一个阶级来行动。"1847年6月,马克思、恩格斯创立了世界上第一个工人阶级政党——共产主义者联盟,次年制定了第一个共产党纲领——《共产党宣言》。列宁根据这个政党的阶级基础,首次把工人党的性质规定为"工人阶级先锋队"或"无产阶级的先锋队"。中国共产党以工人阶级为基础,并成为工人阶级的先锋队,还具有一些特殊的原因。第一,中国的工人阶级除了具有一般工人阶级的革命品质之外,还具有一些特殊的优点:对于革命最彻底、最坚决;分布较为集中,易于形成强大的政治力量;多数来自农民,能够与农民形成亲密联盟,这些优点让工人阶级能够成为中国共产党坚实的阶级基础。新中国成立以来,工人阶级发生了新的变化,但工人阶级依然是我国社会同大机器生产相联系的最先进的阶级,仍然保持着原有阶级的阶级特征和优秀品质。第二,中国共产党的特殊性质决定了它能够成为工人阶级的先锋队:党是由工人阶级中具有共产主义觉悟的先进分子组成,党的先进性来源于工人阶级的先进性;党是以工人阶级的先进理论武装起来的;党是按照先进的制度组织起来的;党在新形势下不断地自我革新永葆先进性。这两方面的理由决定了中国共产党是工人阶级的先锋队。中国共产党是中国人民和中华民族的先锋队,是对党的性质的新改扩,深刻揭示了党的先进性和人民性是高度统一的。这包含几层含义:第一,党的阶级基础是工人阶级,绝不是意味着排斥其他阶级和阶层。第二,我们党一开始就同时肩负着阶级解放和民族解放的双重使命,不仅代表中国工人阶级的利益,而且代表中国人民和整个中华民族的利益,不仅要为实现工人阶级的利益而奋斗,也要为中国人民和中华民族利益而奋斗。第三,要永葆党的先进性,必须结合社会各阶层的先进分子。

"两个先锋队"的性质就决定了"一个核心、三个代表、一个最高理想和最终目标"。党的领导地位的确立,是在长期的革命和建设中形成的,是历史的必然、人民的选择,这种历史的必然性就是基于中国共产党"两个先锋队"的先进性,建设中国特色社会主义事业依然必须坚持党的领导核心地位。"三个代表"是对党的性质宗旨的新概括,是"两个先锋队"的理论延续,突出体现了工人阶级政党的阶级性和群众性,完整体现了党的先进性。"两个先锋队"之间是有机统一的,党的先进性、阶级性与群众性也是有机统一的,"三个代表"就是对这种统一的生动表达。

关于党的宗旨,党的十八大报告作出了权威的阐述:"为人民服务是党的根本宗旨,以人为本、执政为民是检验党一切执政活动的最高标准。任何时候都要把人民利益放在第一位,始终与人民心连心、同呼吸、共命运,始终依靠人民推动历史前进。"要全面理解"全心全意为人民服务是党的根本宗旨",就必须理解以下几个问题:第一,党的宗旨是由党的性质决定的。"性质"表明党"是什么",宗旨表明党"做什么"。党的性质决定党的宗旨,党的宗旨体现党的性质。要真正坚持我们党全心全意为人民服务的宗旨,就必须保持党作为"两个先锋队"的先进性。要把党的先进性贯彻好、落实好,又必须牢牢坚持全心全意为人民服务的宗旨。第二,全心全意为人民服务是党的根本宗旨,这是由工人阶级同最广大劳动人民群众利益的一致性决定的。过去的一切革命,都是以一种剥削制度代替另一种剥削制度。而工人阶级革命则是要消灭一切剥削制度和阶级差别，解放全人类，实现共产主义的社会制度。工人阶级的这种利益要求和运动目的不仅完全符合社会发展的方向，而且同广大人民群众的根本利益也完全一致。第三，全心全意为人民服务是党的根本宗旨，也是由人民群众在社会历史发展中的地位与作用决定的。马克思主义认为，历史是由人民创造的，而非由少数英雄人物创造。人民的历史主体地位就要求我们必须全心全意为人民服务。

把人民对美好生活的向往作为奋斗目标，体现了党全心全意为人民服务的根本宗旨。中国共产党带领全国人民不断创造美好生活，实现以人民为中心的发展，诠释了中国共产党人的为人民服务的根本宗旨，根本政治立场和价值取向，也是新时代中国特色社会主义的实践追求。新时代是党领导全国各族人民不断创造美好生活的时代。我们必须把人民对美好生活的向往作为奋斗目标，作为检验各项政策效果和工作得失的评判标准，始终为人民利益和幸福而努力工作。站在新的历史起点上，只要我们更加紧密地团结在以习近平同志为核心的党中央周围，始终把人民放在心中最高的位置，把人民利益高高举过头顶，不忘初心，牢记使命，永葆为人民谋幸福的赤子情怀，加满油，把稳舵，鼓足劲，勇做新时代的坚定者、奋进者、搏击者，实现中华民族伟大复兴的中国梦就一定能由蓝图成为现实。

把人民对美好生活的向往作为奋斗目标，顺应了人民对美好生活的新期待。习近平总书记指出，中国特色社会主义进入新时代，我国社会主要矛盾已经转化为人民日益增长的美好生活需要和不平衡不充分的发展之间的矛盾。我国稳定解决了十几亿人的温饱问题，总体上实现小康，不久将全面建成小康社会，人民美好生活需要日益广泛，不仅对物质文化生活提出了更高要求，而且在民主、法治、公平、正义、安全、环境等方面的要求日益增长。当前我国发展的不平衡不充分，既有经济领域的，也有文化、社会、生态领域的；既有城乡发展不平衡，也有区域发展不平衡。这就要求我们在着力解决好发展不平衡不充分问题的基础上推出更多民生工程、实施更多惠民举措，解决好人民群众最关心最直接最现实的问题，在幼有所育、学有所教、劳有所得、病有所医、老有所养、住有所居、弱有所扶等方面补足民生短板，更好满足人民日益增长的美好生活需要。

把人民对美好生活的向往作为奋斗目标,彰显了实现中华民族伟大复兴的价值内涵。党的十九大报告将人民群众对美好生活的向往的目标落实在全面建成社会主义现代化强国的战略部署上,落实在实现中华民族伟大复兴的宏伟蓝图中。这就必然要求我们的发展理念和工作中心要升级到"五位一体"的现代化、全面现代化和"以人民需要为中心"的现代化上来。"把我国建成富强民主文明和谐美丽的社会主义现代化强国""我国人民将享有更加幸福安康的生活"等,极具概括性地表达了强国价值目标与人民美好生活实践追求的内在一致性。"实现中华民族伟大复兴的中国梦,是党中央向历史和人民作出的庄严承诺;实现中华民族伟大复兴的过程也是实现人民向往美好生活的过程。因此,我们要以永不懈怠的精神状态和一往无前的奋斗姿态,朝着实现中华民族伟大复兴的宏伟目标奋勇前进。"①

(三)为实现中华民族伟大复兴持续奋斗

在历史上,不是每一个政党都可以肩负其时代赋予的使命,不是每一个政党都能够担当得起该担当的责任。毫无疑问,很多政党辜负了人民的期待,难以肩负其时代使命,难以承担其历史担当,最终被人民所抛弃。

中国共产党作为一个全球人数最多的政党,如何肩负起时代使命和历史责任?这是中国共产党现代化进程中不能回避的重大课题。历史证明,1840年以来,中华民族经历沧桑,中国共产党在历史的洪流中肩负起民族振兴的使命和担当。

中国共产党肩负什么样的历史使命和责任担当,是由党的宗旨所决定的。中国共产党自成立伊始,就是以中华民族解放、独立、富强为己任的全心全意为人民服务的政党。从革命时期、抗日战争时期、解放战争时期到社会主义建设、改革开放时期等阶段,都毫无疑义地贯穿这一主线。这是党的根本宗旨。尽管不同的历史时期关于"为人民服务"的表述有不同,但"为人民服务"这一条始终没有改变。这一点决定了中国共产党必然要肩负起时代赋予的使命和责任。正如习近平总书记指出的:"党团结带领全国各族人民进行了持续不断的伟大奋斗,创造了一个又一个人间奇迹,完成了新民主主义革命,完成了社

---

① 赵德友、韩军平、曹雷:《新时代中国共产党的历史使命》,载《市场研究》,2018年第8期。

会主义革命、进行了社会主义建设，进行了改革开放新的伟大革命，这3件大事从根本上改变了中国人民和中华民族的前途命运，全党全国正在向全面建成小康社会、实现中华民族伟大复兴的目标奋力前进。"①中国共产党持续奋斗的历史，充分体现了其敢于肩负使命和担当的本色。

新时代，站在新的历史起点上，中国共产党更要继续勇敢肩负起历史使命和责任担当。经过90多年的努力和实践，中国共产党已逐渐成为现代性的政党，而现代性的政党是一个国家走向强大的主心骨。一个没有现代性政党执政的国家，难以走向现代化之路。政党自信，使中国共产党不仅更加自觉地肩负使命和责任担当，还更加从容自信地承担历史赋予的使命。习近平总书记指出："我们党肩负着带领全国各族人民实现'两个一百年'奋斗目标、实现中华民族伟大复兴的历史使命，同时也面临着'四大考验''四种危险'。完成历史使命，战胜风险挑战，必须管好党、治好党，确保党始终成为中国特色社会主义事业的坚强领导核心。"②这就明确了新时代实现"两个一百年"奋斗目标、实现中华民族伟大复兴的历史使命，指出了中国共产党在新的历史条件下的使命和担当。

由此，使命和担当越来越烙印在当代中国共产党人的肩上。中国共产党人也更加自觉地意识到这种使命和担当。正如习近平在接受俄罗斯电视台专访时指出："中国共产党坚持执政为民，人民对美好生活的向往就是我们的奋斗目标。我的执政理念，概括起来说就是：为人民服务，担当起该担当的责任。"③

担当起该担当的责任，在当前首先要全面建成小康社会，至2020年全面消除贫困。"新中国成立以来，我们党带领人民持续向贫困宣战。经过改革开放37年来的努力，我们成功走出了一条中国特色扶贫开发道路，使7亿多农村贫困人口成功脱贫，为全面建成小康社会打下了坚实基础。我国成为世界上减贫人口最多的国家，也是世界上率先完成联合国千年发展目标的国家。

---

① 2013年6月25日，习近平在主持中共中央政治局第七次集体学习时发表讲话，新华网，http://news.xinhuanet.com/politics/2016-06/29/c_129067242.htm。
② 2016年1月12日，习近平在第十八届中央纪律检查委员会第六次全体会议上发表重要讲话，新华网，http://news.xinhuanet.com/politics/2016-06/29/c_129067242.htm。
③《习近平接受俄罗斯电视台专访》，载《人民日报》，2014年2月9日。

这个成就,足以载入人类社会发展史册,也足以向世界证明中国共产党领导和中国特色社会主义制度的优越性。"① 全面消除贫困,是党对人民的庄严承诺,是实现中华民族复兴的关键一步。只有全面消除贫困,并防止因各种因素再度陷入贫困,坚持可持续发展战略,让人民安居乐业,共享社会发展成果。为此,习近平提出精准扶贫思想,认为当前我国脱贫攻坚形势依然严峻。2020年当完成建设全面小康社会的目标时,我们"决不能落下一个贫困地区、一个贫困群众"。

肩负起该肩负的使命,就是要站在新时代新的历史起点上,实现中华民族伟大复兴。实现中华民族伟大复兴是长期以来中国共产党人的战略目标,也是根本的价值取向、宏伟夙愿。肩扛使命从历史深处走来,牢记使命未曾有半点懈怠,我们党当前要聚力完成历史使命,必须按照新时代提出的新要求统揽伟大斗争、伟大工程、伟大事业、伟大梦想,并使之紧密贯通联结起来。中央党校副教育长韩庆祥在《论"四个伟大"》一书中说,习近平总书记完整提出"进行伟大斗争、建设伟大工程、推进伟大事业、实现伟大梦想",是在我国进入决胜全面小康、开启社会主义现代化新征程的重要历史节点作出的重大理论创新。②

第一,实现伟大梦想,必须进行具有许多新的历史特点的伟大斗争。社会是在矛盾运动中前进的,有矛盾就会有斗争。我们党要团结带领人民有效应对重大挑战、抵御重大风险、克服重大阻力、解决重大矛盾,必须去除任何贪图享受、消极懈怠、回避矛盾的思想和行为。要坚决反对一切削弱、歪曲、否定党的领导和我国社会主义制度的言行,坚决反对一切损害人民利益、脱离群众的行为,坚决破除一切顽瘴痼疾,坚决反对一切分裂祖国、破坏民族团结和社会和谐稳定的行为,坚决战胜一切在政治、经济、文化、社会等领域和自然界出现的困难和挑战,发扬斗争精神,提高斗争本领,不断夺取伟大斗争新胜利。

第二,实现伟大梦想,必须深入推进党的建设新的伟大工程。历史已经并将继续证明,没有中国共产党的领导,民族复兴必然是空想。经历了民族的沉沦与崛起,见证了历史的苦难与辉煌,全体中国人民愈来愈深刻地认识到,办

---

① 习近平在中央扶贫开发工作会议上的重要讲话,2015年11月27日。
② 韩庆祥:《论"四个伟大"》,北京:北京联合出版公司,2018年,第11—12页。

好中国的事情,关键在党,关键在中国共产党的领导。我们党要始终成为时代先锋、民族脊梁,自身必须始终过硬。没有一种担当,比肩负民族的前途命运更伟大;没有一项使命,比实现人民的共同梦想更崇高。我们必须坚定不移全面从严治党,勇于直面问题,敢于刮骨疗毒,消除一切损害党的先进性和纯洁性的因素,清除一切侵蚀党的健康肌体的病毒,不断增强党的政治领导力、思想引领力、群众组织力、社会号召力,使自身在革命性锻造中更加坚强。

第三,实现伟大梦想,必须推进中国特色社会主义伟大事业。"中国特色社会主义是改革开放以来党的全部理论和实践的主题,是党和人民历尽千辛万苦、付出巨大代价取得的根本成就。中国特色社会主义道路是实现社会主义现代化、创造人民美好生活的必由之路,中国特色社会主义理论体系是指导党和人民实现中华民族伟大复兴的正确理论,中国特色社会主义制度是当代中国发展进步的根本制度保障,中国特色社会主义文化是激励全党全国各族人民奋勇前进的强大精神力量。"①我们要增强道路自信、理论自信、制度自信、文化自信,既不走封闭僵化的老路,也不走改旗易帜的邪路,始终保持政治定力,始终坚定中国特色社会主义信念。

"路漫漫其修远兮,吾将上下而求索。"伟大斗争、伟大工程、伟大事业、伟大梦想,是一个统一的有机整体,彼此紧密联系、相互贯通、相互作用,其中起决定性作用的是党的建设新的伟大工程。只要我们不忘初心,牢记使命,永远与人民同呼吸、共命运、心连心,永远把人民对美好生活的向往作为自己的奋斗目标,始终保持永不懈怠的精神状态和一往无前的奋斗姿态,勇于变革、勇于创新,永不僵化、永不停滞,就一定能不断夺取新时代中国特色社会主义伟大胜利,实现中华民族伟大复兴的中国梦!

五、坚持党对一切工作的领导

坚持党对一切工作的领导,是新时代坚持和发展中国特色社会主义的首要基本方略。习近平总书记在党的十九大上强调,党政军民学,东西南北中,

---

① 黄百炼:《中国特色社会主义是改革开放以来党的全部理论和实践的主题》,载《当代世界与社会主义》,2017年第10期。

党是领导一切的。必须增强政治意识、大局意识、核心意识、看齐意识,自觉维护党中央权威和集中统一领导,自觉在思想上政治上行动上同党中央保持高度一致,完善坚持党的领导的体制机制,坚持稳中求进工作总基调,统筹推进"五位一体"总体布局,协调推进"四个全面"战略布局,提高党把方向、谋大局、定政策、促改革的能力和定力,确保党始终总揽全局、协调各方。①

中国共产党是中国特色社会主义伟大事业的坚强领导核心,是最高政治领导力量,必须自觉、坚定地坚持党在各领域、各方面的领导。只有始终坚持和加强党对一切工作的全面领导,才能实现全党全社会的思想统一、政治团结、行动一致,才能使我们党拥有更强的创造力、凝聚力、战斗力,才能确保决胜全面建成小康社会,进而夺取新时代中国特色社会主义伟大胜利。

(一)党的领导是中国特色社会主义最本质的特征

中国共产党的领导是中国特色社会主义最本质的特征,这是党的十八大以来习近平总书记提出的重要论断。这一论断符合科学社会主义的理论逻辑和基本原则,反映了中国特色社会主义产生与发展的历史经验,适应中国特色社会主义迈向新时代新征程的实践要求。

1. 正确认识党的领导的历史定位

党的领导是中国革命、建设、改革取得胜利的关键。历史证明,如果没有中国共产党的领导,中国革命在相当长的一段时间内还在黑暗中摸索,在实现国家独立、民族解放、抵抗外敌入侵方面还需要付出更大的牺牲;如果没有中国共产党的领导,中国的社会主义建设不可能取得如此大的成就,中国通过短短几十年的建设,使一个积贫积弱、百废待兴的国家变成世界第二大经济体,成为在国际社会上日益发挥重要作用和更加凸显大国担当的国家,带领中国人民逐渐走向富强、民主、文明、和谐、美丽的康庄大道上,也就不可能使当代中国如此接近中华民族的伟大复兴。正如习近平总书记指出的,"我们比历史上任何时期都更接近中华民族伟大复兴的目标"②。如果没有党的领导,不可

---

① 习近平:《决胜全面建成小康社会 夺取新时代中国特色社会主义伟大胜利——在中国共产党第十九次全国代表大会上的报告(2017年10月18日)》,北京:人民出版社,2017年,第20—21页。
② 习近平:《我们比历史上任何时期都更接近中华民族伟大复兴的目标》,人民网,2016年11月11日,http://politics.people.com.cn/n1/2016/1111/c1001-28853750.html。

能这么快接近这个目标;如果没有中国共产党的领导,改革开放不可能取得这样大的成就,也难以克服改革开放以来遇到的国际国内的严峻挑战。"新中国成立67年特别是改革开放30多年来,在中国共产党领导下,中国人民在社会主义道路上实现了一个又一个伟大飞跃,取得举世瞩目的伟大成就。"①总之,坚持党的领导才能推动中国特色社会主义继续向前发展,才能实现中华民族伟大复兴。

2. 深刻理解中国共产党是中国特色社会主义的开创者、推动者、引领者

中国共产党是中国特色社会主义的开创者、推动者、引领者,也是中国特色社会主义事业的核心领导力量,体现了中国共产党人的政治本色和价值诉求。唯有不断加强党的领导,才能更好地推动中国特色社会主义建设。以政党自信推动中国特色社会主义的道路自信、理论自信、制度自信、文化自信,为实现中华民族伟大复兴提供根本路径。

中国特色社会主义的产生传承了社会主义的文明基因,传承了中国革命的红色基因。社会主义是人类文明进程中的高级阶段,是在扬弃过去人类历史文明基础上形成的新型文明形态。社会主义从空想走到现在,大致经历500多年的历程。习近平总书记把社会主义区分为几个阶段:空想社会主义的产生和发展、马克思和恩格斯创立科学社会主义、列宁领导十月革命胜利并实践社会主义、苏联社会主义制度的建立和苏联模式的兴衰、从新民主主义革命到社会主义实践、中国特色社会主义的开创和发展等。中国特色社会主义是在500年的历程中呈现出来的,是在当代中国的伟大实践中呈现出来的,因而,中国特色社会主义既继承了社会主义的总体性文明和社会主义的基因,又创造性地与中国的革命、建设、改革实践结合起来。而中国革命所取得的胜利,关键在于中国共产党的领导。因此,中国特色社会主义毫无疑问地传承了中国革命的红色基因,这是中国特色社会主义与其他国家的社会主义的重要区别,也是本质差异。

中国特色社会主义的实践成就,既是中国人民创造的历史结果,又是中国

---

① 习近平:《我们比历史上任何时期都更接近中华民族伟大复兴的目标》,人民网,2016年11月11日,http://politics.people.com.cn/n1/2016/1111/c1001-28853750.html。

共产党积极开拓的历史结果。习近平总书记指出:"社会主义是干出来的。"①中国共产党在总结人类历史发展经验、总结中国共产党执政经验、总结国际国内互动经验的基础上,创造性地开创了中国特色社会主义道路。正如胡锦涛同志在纪念党的十一届三中全会召开 30 周年大会上的讲话指出:"改革开放以来我们取得一切成绩和进步的根本原因,归结起来就是:开辟了中国特色社会主义道路,形成了中国特色社会主义理论体系。"②改革开放开辟了中国特色社会主义道路,形成了中国特色社会主义理论体系,构成了中国特色社会主义的基本框架,为中国特色社会主义的制度建设奠定了坚实基础。经过 40 年改革开放的实践,中国特色社会主义的成就举世瞩目,取得了很大的成功。据新华社消息,2016 年中国经济增长 6.7%,GDP 首破 70 万亿元③,为 74.4 万亿元,与美国的距离越来越近,远远超越日本、德国、英国、法国、印度等国家。改革开放 40 年是中国经济社会发展腾飞的阶段,中国特色社会主义的成就离不开党的领导,毫无疑问,这种成功归根到底在于党的正确领导,是中国共产党人几代人带领人民积极开拓的成果。

中国特色社会主义凝聚了中国共产党人的政治本色和价值诉求。中国共产党人开创中国特色社会主义道路,从根本上说,体现了共产党人的政治抱负和立党为公的宗旨,体现了党的最高纲领和最低纲领,体现了当代中国社会发展的政治目标和价值诉求。"中国特色社会主义道路的价值在于它拓宽了民族国家走向现代化的道路,加深了人类对社会发展规律的认识,加速了人类文明多样性的发展,提供了坚持走本国式社会主义道路的新体验。"④中国特色社会主义是实现中国共产党治国理政的根本路径,也是实现中国共产党"两个一百年"奋斗目标的根本路径,体现了中国共产党人的内在价值诉求和政治本色。

---

① 杜尚泽、朱磊:《回访习近平总书记宁夏考察:"社会主义是干出来的"》,载《人民日报》,2016 年 7 月 23 日。
② 胡锦涛:《在纪念党的十一届三中全会召开 30 周年大会上的讲话》,载《人民日报》,2008 年 12 月 19 日。
③ 《2016 年中国经济增长 6.7% GDP 首破 70 万亿元》,新华社,2017 年 1 月 20 日,http://news.xinhuanet.com/fortune/2017-01/20/c_1120351814.htm。
④ 俞可平:《中国特色社会主义的世界历史意义》,载《人民论坛》,2008 年第 12 期。

3. 以政党自信推动中国特色社会主义发展

以政党自信夯实中国特色社会主义领导基础。党的十八大以来，以习近平同志为核心的党中央，锐意进取、开拓创新，不断推动中国特色社会主义的道路自信、理论自信、制度自信、文化自信。然而，不管是道路自信、理论自信、制度自信还是文化自信，归根到底在于政党自信。习近平总书记指出，当今世界，要说哪个政党、哪个国家、哪个民族能够自信的话，那中国共产党、中华人民共和国、中华民族是最有理由自信的。政党自信是增强党的领导的前提和基础，也是推动中国特色社会主义发展的重要力量。推动政党自信，有利于更好地加强和改善党的领导，以更加自信的姿态应对全球化的复杂局势，更好地驾驭国际国内局势，在新的历史伟大斗争中，确保中国特色社会主义不断健康发展。

（二）党的领导是中国特色社会主义制度的最大优势

中国共产党的领导是中国特色社会主义制度的最大优势。没有中国共产党，就没有中国特色社会主义制度，制度优势无从谈起。中国特色社会主义制度是党领导全国各族人民在改革开放、现代化建设过程中创立的，党的领导则是充分发挥中国特色社会主义制度优势的根本保障，党独特的自身优势是中国特色社会主义制度优势的主要来源。

第一，党是中国特色社会主义制度的创建者。中国共产党把科学社会主义理论和中国具体实际相结合，建立了人民代表大会制度的根本政治制度，中国共产党领导的多党合作和政治协商制度、民族区域自治制度以及基层群众自治制度等基本政治制度，建立了公有制为主体、多种所有制经济共同发展的基本经济制度。在党的领导下通过改革不断完善和发展着中国特色社会主义制度。党的十八届三中全会提出了全面深化改革的总目标，即完善和发展中国特色社会主义制度，推进国家治理体系和治理能力现代化。

第二，党的领导是充分发挥中国特色社会主义制度优势的根本保障。当代中国的一切发展进步都因为确立了中国特色社会主义制度，这一根本制度保障，具有鲜明的中国特色，拥有强大的制度优势。中国共产党是中国工人阶级、中国人民和中华民族的先锋队，能够充分调动广大人民的积极性、主动性、创造性，有利于保证党和国家始终充满生机与活力；党是先进生产力和先进文化的代表,有利于不断解放和发展社会生产力,推动经济社会全面发展;党是中国最广大人民根本利益的代表,有利于维护和促进社会公平正义,努力推动实现全体人民共同富裕;党能够总揽全局,协调各方,有利于集中力量办大事,有效应对前进道路上的各种风险挑战;党是领导和团结全国各族人民的核心力量,有利于维护民族团结、社会稳定、国家统一。归根到底,党的领导有利于充分发挥中国特色社会主义制度的优势。

第三,党独特的自身优势是中国特色社会主义制度优势的主要来源。党在长期的奋斗历程中形成了独特的自身优势:中国共产党是以马克思主义为指导思想的党,拥有用马克思主义中国化最新理论成果武装全党、教育人民的理论优势;中国共产党是有着远大而坚定不移崇高政治理想的党,拥有以坚定的政治信念和顽强的革命意志砥砺前行的政治优势;中国共产党是遵循马克思主义建党原则、集中统一的党,拥有严密组织体系、严格组织生活、严明组织纪律的组织优势以及坚持民主集中制的制度优势;中国共产党是代表全民族根本利益、全心全意为人民服务的党,拥有密切联系群众的作风优势;中国共产党是富于独创精神、勇于开创新局面的党,拥有治国理政新理念新思想新战略的创新优势;中国共产党是具有自我净化、自我提高能力的党,拥有刮骨疗伤、起死回生的活力优势。

总之,中国共产党作为具有领导地位的长期执政的党,以独特的自身优势引领和铸造了中国特色社会主义的制度优势,保证了中国特色社会主义制度优势的有效发挥。

(三) 坚持党总揽全局、协调各方的领导核心地位

坚持党对一切工作的领导,就要坚持党总揽全局、协调各方的领导核心地位,这是党作为最高政治力量在治国理政中的重要体现,也是我国社会主义政治制度优越性的突出特点。要自觉维护党中央权威和集中统一领导,健全党的全面领导的体制机制,完善严格执行民主集中制的具体制度,提高党把方向、谋大局、定政策、促改革的能力和定力,把党总揽全局、协调各方落到实处。

无产阶级执政党必须坚持党对国家政权的最高领导,这是马克思主义政党学说的基本原则,也是被实践证明了的执政规律。20世纪末期,一些社会主义国家的共产党,由于弱化了对国家各领域的领导权,最终丧失执政地位,导

致剧变和解体,教训是非常深刻的。同时,党是最高政治领导力量,这是对党领导革命、建设、改革的历史经验的深刻总结。习近平总书记指出:"只要我们深入了解中国近代史、中国现代史、中国革命史,就不难发现,如果没有中国共产党领导,我们的国家、我们的民族不可能取得今天这样的成就,也不可能具有今天这样的国际地位。在坚持党的领导这个重大原则问题上,我们脑子要特别清醒、眼睛要特别明亮、立场要特别坚定,绝不能有任何含糊和动摇。"①党作为最高政治领导力量,是推进党的伟大事业的根本保证,在国家治理体系的各领域、各方面都要突出党的核心领导地位。

坚持党总揽全局、协调各方的领导核心地位,必须坚持党中央集中统一领导。党中央集中统一领导,是党的领导的最高原则,是最根本的政治规矩。党的十九大明确指出,保证全党服从中央,坚持党中央权威和集中统一领导,是党的政治建设的首要任务。在国家治理体系的大棋局中,党中央是坐镇中军帐的"帅"。建设和完善党的领导体系、国家治理体系,必须以坚持党中央权威和集中统一领导为根本点,进一步建立完善加强党中央集中统一领导的体制机制,保证全党的团结统一和行动一致,保证党中央决策部署迅速有效贯彻执行。深化党和国家机构改革,任务艰巨、影响深远,牵一发而动全身,必须牢固树立政治意识、大局意识、核心意识、看齐意识,坚决维护习近平总书记党中央的核心、全党的核心地位,坚决维护党中央权威和集中统一领导,自觉在思想上政治上行动上同以习近平同志为核心的党中央保持高度一致,按照党中央的统一部署,不折不扣、坚定有力地完成好各项既定改革任务。②

坚持党总揽全局、协调各方的领导核心地位,必须努力贯彻落实党中央所作的决策部署。中央委员会、中央政治局、中央政治局常委会,这是党的领导决策核心。党中央作出的决策部署,人大、政府、政协以及法院、检察院等的党组织要贯彻落实;党的组织、宣传、统战、政法等部门要贯彻落实;各事业单位、人民团体等的党组织也要贯彻落实。要切实把党中央重大决策部署落实到改革发展稳定、内政外交国防、治党治国治军等各个方面。

---

① 习近平:《在全国党校工作会议上的讲话》,北京:人民出版社,2016年,第2页。
② 黄坤明:《建设总揽全局协调各方的党的领导体系》,光明网,http://theory.gmw.cn/2018-03/17/content_28011695.htm。

（四）全面提高党的执政能力和领导水平

不断全面提高党的执政能力和领导水平，依然是新时代党的建设的重要任务。

1. 执政能力建设是党执政后的一项根本性建设

党的十六届四中全会通过了《中共中央关于加强党的执政能力建设的决定》，提出了"执政能力建设是党执政后的一项根本建设"这一重要论断，突出强调执政能力建设在党的建设中的重要地位，反映出我们党对执政规律和自身建设规律的认识在不断深化并达到了新的高度。要深入理解这一重要论断，可以从以下几个方面予以把握。

第一，中国共产党长期执政的客观地位和担负的伟大事业，决定了执政能力建设是党执政后的一项根本建设。任何执政党要想巩固自己的执政地位，实现长期执政都必须提高自己的执政水平和执政能力。所有执政党最根本的实践活动都是围绕着巩固执政地位展开的，也都是围绕着提高执政水平展开的。无论是内政外交国防，还是治党治国治军，还是改革发展稳定，执政党的所有工作都建立在一定的执政能力基础上。提高执政能力是关系到执政党生死存亡的根本要求。中国共产党通过半个多世纪的执政实践，已经形成了基本稳固的执政地位，长期执政是中国共产党当下所处的历史方位。夺取政权不易，执掌政权更难。中国共产党在"进京赶考"的半个多世纪的执政实践中，得出了一个基本经验，那就是必须始终把执政能力建设作为党执政后的一项根本性建设。这不仅仅是为了巩固中国共产党自身的执政地位，更是为了更好地担负起中国特色社会主义这一伟大事业。作为执政党，中国共产党必须肩负实现国家富强、民族振兴、社会和谐、人民幸福的历史使命。只有加强执政能力建设，中国共产党才能更好地实现全心全意为人民服务的宗旨，才能更好地向共产主义这一最高理想奋步迈进，才能更好地把"两个一百年"这一伟大目标落到实处。中国共产党在中国特色社会主义事业中的领导核心地位，中国共产党作为执政党并将长期执政的客观实际，中国共产党肩负的伟大事业和历史使命，都要求始终把执政能力建设作为一项根本性建设，以高度的执政担当去提高执政能力，以高超的执政能力去担负执政使命。

第二，全面推进党的建设这一伟大工程，要求把执政能力建设作为党执政后的一项根本性建设。党的自身建设,是党开展所有实践的基础。经过长期的实践,中国共产党在如何推进自身建设方面积累了许多经验。最初,我们将思想建设、组织建设和作风建设作为党的自身建设的主要内容。随着实践的发展和经验的累积,我们在党的建设中增加了制度建设,并将其视为极为迫切并具有全局性影响的重要内容。经过长期执政,我们对党的自身建设的认识更加深化,我们党认识到执政能力建设是党的自身建设的核心环节,具有根本性。这是因为,执政能力建设既是执政党自身建设的一个重要组成部分,又对其他方面的建设起到了牵头总管的核心作用。执政能力建设不是与思想建设、组织建设、作风建设相并列的,而是贯穿在其他各项建设的全过程。执政能力建设,是把党的其他各方面的建设成果统合起来并走向现实产生实际作用的最终环节。可以说,执政能力建设就是党的其他各方面建设最终的统合平台和"输出"环节,其他各方面的建设做得好不好,最终要看执政能力建设搞得好不好。要全面推进党的建设这一伟大工程,就必须以执政能力建设为核心,统筹思想建设、组织建设、作风建设和制度建设各个方面各个环节。要向党建要产出、要效益、要成果,就必须把执政能力建设作为根本性建设来抓。

第三,应对复杂多变的国内外形势和各种各样的执政风险执政考验,要求把执政能力建设作为党执政后的一项根本性建设。首先,中国共产党在长期的执政实践中暴露出来一些亟待解决的突出问题,需要通过执政能力建设予以解决。比如说,一部分领导干部思想信念淡薄、贪污腐化严重,贪腐案件频发,当官不为现象普遍;还比如说,一部分领导干部人治观念浓厚,作风霸道,缺乏现代的法律意识和规则意识;再比如说,一部分领导干部作风不扎实,脱离群众等问题比较突出。要解决这些问题都要求我们加强执政能力建设。其次,当今世界世情党情国情日新月异、复杂多变,客观上带来了许多执政风险和执政考验。从国际上看,世界主要国家综合国力的竞争日趋激烈,西方敌对势力对我们的渗透、封堵与日俱增,全球化带来了巨大的机遇也带来了巨大的挑战。从国内来看,我国正处于全面建成小康社会的决胜阶段,处于跨越"中等收入陷阱"的关键阶段,处于全面深化改革的攻坚阶段,社会利益关系更为复杂,各种各样的新情况新问题层出不穷,对执政能力的要求显著增高。最后,世界上一些传统大党丧失政权的教训警示我们永远不能忘记执政能力建设。20世纪末,包括苏联、东欧共产党在内的一批曾经长期执政的大党、老党纷纷丧失执政地位,尽管这些党的情况不尽相同,失去政权的原因也十分复杂,但究其根源,无一不是脱离执政基础,违反执政规律,忽视了执政能力建设,从而没能正确应对国际局势变化和解决国内经济社会发展问题。应对国内外的这些新形势新情况,汲取世界上一些大党、老党的经验教训,都要求我们把执政能力建设当作一项根本性建设来抓。

2. 提高党的领导水平和执政能力

中国共产党是中国特色社会主义事业的领导核心。党的领导是中国特色社会主义的本质特征和最大的制度优势,也是实现民族复兴的根本保证。提高党的执政能力和领导水平,关系到党的执政地位是否稳固,关系到中国特色社会主义的伟大事业能否成功。中国共产党一直以来高度重视提高执政能力和领导水平。党的十六大报告就提高党的领导水平和执政水平提出了提高"五种能力"的要求;党的十六届四中全会专门出台了《中共中央关于加强党的执政能力建设的决定》,就如何提高党的执政能力和领导水平作出了专门的指示;党的十七大报告指出:"党的执政能力建设关系党的建设和中国特色社会主义事业的全局,必须把提高领导水平和执政能力作为各级领导班子建设的核心内容抓紧抓好";党的十八大报告强调:"不断提高党的领导水平和执政水平、提高拒腐防变和抵御风险能力,是党巩固执政地位、实现执政使命必须解决好的重大课题。"如何解决好这一重大课题,可以从以下几个方面予以把握。

第一,要提高党的执政能力和领导水平,确立科学的执政理念,增强执政意识是基础和前提。要牢牢确立执政为民的理念,要心怀爱民之心,恪守为民之责,多办利民之事,善谋富民之策,不断实现好、维护好、发展好最广大人民的根本利益。要牢牢确立发展是党执政兴国的第一要务的理念,必须始终把促进发展作为第一位的任务,聚精会神搞建设,一心一意谋发展。要牢牢确立依法执政的理念,坚持有法可依,有法必依,在依法执政中实现党对国家和社会的领导。与此同时,还必须采取有效措施,强化执政党党员和各级领导干部的执政意识,包括发展意识、法治意识、创新意识、公仆意识、基础意识、忧患意识等。只有具有了强烈的执政意识,党的建设才能立足于现实,着眼于发展,寻找执政党自身状况和执政党地位之间所存在的差距，适应历史发展和社会进步对自己提出的新要求，以改革的精神推进党的建设，从而不断提高执政能力，增强执政基础，巩固执政地位。

第二，要提高党的执政能力和领导水平，增强"五种能力"是关键。所谓增强"五种能力"，一是不断提高应对复杂局面的能力。一方面，要善于应对国际上的各种复杂局面和风险，要始终坚持以国家和民族利益为重；另一方面，要正确认识和处理各种社会矛盾，善于协调不同群众之间的关系。二是不断提高依法执政的能力。增强法制观念，善于把坚持党的领导、人民当家作主和依法治国统一起来，进一步改革和完善党的执政方式。三是不断提高总揽全局的能力。执政党要善于总揽而不包揽，通过建设健全科学化、规范化、制度化的机制，规范同人大、政府、政协和人民团体的关系，支持各方积极主动、独立负责、协调一致的工作；善于处理眼前与长远、局部与全局的关系，把本地区本部门的发展置于国际国内发展的大局中来思考，结合实际创造性地开展工作。四是不断提高科学判断形势的能力。必须用马克思主义的宽广眼界全面观察和审视世界，更深刻、更全面地认识当代中国和外部世界，更主动、更自觉地掌握自己的发展命运；必须正确把握时代发展的新趋势，敏锐地把握世界经济政治发展的大趋势，紧跟世界发展的新形势，努力在激烈的国际竞争中争取主动；必须善于进行理论思维和战略思维，在国内外发展大背景、大趋势下，高起点、高水平地把握全局，谋划未来，开拓前进。五是不断提高驾驭市场经济的能力，善于学习和把握市场经济的特点和市场经济运行的基本规律，自觉按照客观规律办事；善于抓住机遇，发展自己，不断增强在国内外市场中的竞争力；善于用发展的办法解决改革和建设实践中出现的新问题，不断增强我国的综合国力和民族凝聚力，及时化解各种矛盾，有效解决各种问题。

第三，要提高党的执政能力和领导水平，加强领导干部队伍建设和改进领导机制是重中之重。党的执政能力和领导水平，说到底是党员干部的能力和水平问题。要提高党的执政能力和领导水平，就必须加强干部队伍建设，把德才兼备、出类拔萃之才选拔到各级领导班子中去，形成朝气蓬勃、奋发有为的领导层。建设高素质的干部队伍，要坚持德才兼备原则。领导干部要有坚定信念，有公正之心，有世界眼光，有辩证思维，有创新精神，有实干作风。建设高素质的干部队伍,要按照科学执政、民主执政、依法执政的要求,改进领导班子思想作风,提高领导干部执政本领。建设高素质的干部队伍,还必须进一步增强拒腐防变能力,坚持用制度管权管事管人,让人民监督权力,让权力在阳光下运行,防止干部队伍的腐化堕落。通过这些措施,把各级领导班子建设成为坚定贯彻党的理论和路线方针政策、善于领导科学发展的坚强领导集体。以加强领导班子执政能力建设影响和带动全党,使党的全部工作始终符合时代要求和人民期待。在建设一支高素质的干部队伍的同时,还必须改进党的领导体制和领导方法。习近平总书记指出:"在处理复杂经济利益关系和各种社会矛盾中,领导方法和工作方法十分重要。方法对头,事半功倍,方法失当,事倍功半。"要建立适应现代社会发展需要的科学的领导体制和工作机制,逐步改革和完善党的领导方法和工作方法;要加强党的领导过程中的监督体系,从机制上遏制腐败,减少决策失误,提高领导能力。

全面提高执政能力和领导水平,意味着中国共产党既要政治过硬,也要本领高强。要增强学习本领、政治领导本领、改革创新本领、科学发展本领、依法执政本领、群众工作本领、狠抓落实本领以及驾驭风险本领。只有全面增强党的执政本领和能力,全面提高党的领导水平,才能确保党总揽全局、协调各方,在新时代带领全国各族人民把坚持和发展中国特色社会主义伟大事业继续推向前进,为实现中华民族伟大复兴而努力奋斗。

国际关系与外交篇

常 规 模 块

一、我国外交关系与政策总体述评

（一）我国外交工作的目标和任务

我国外交工作的战略目标是由国家的总体战略目标决定的,随着国际战略环境的变化而调整的。具体而言有以下几个方面：

1. 服务于国内经济建设大局

外交工作要为我国国内经济建设赢得良好的国际环境。党的十九大报告指出："中国将高举和平、发展、合作、共赢的旗帜,恪守维护世界和平、促进共同发展的外交政策宗旨,坚定不移在和平共处五项原则基础上发展同各国的友好合作,推动建设相互尊重、公平正义、合作共赢的新型国际关系。"这充分说明中国外交致力于保持国际环境、特别是周边环境的和平与稳定。新任外交部长王毅表示："中国的外交首先还是要紧紧围绕国家发展这个中心,服务发展,促进发展,更加积极有效地为全面建成小康社会营造良好的外部环境,为解决各种不可持续的问题,为维护中国在世界上不断延伸的正当权益提供更为有力的保障。"为了进一步服务于中国的经济发展,经济外交在中国整体外交中占有更加重要的地位。为加强经济外交工作,外交部2012年成立了国际经济司,2013年12月成立了"国际经济金融咨询委员会"。

【微链接】中国特色经济外交进入新时代

近年来,中国相继成功主办了亚太经合组织(APEC)领导人北京会议、二十国集团(G20)领导人杭州峰会,习主席的经济外交足迹更是遍及联合国发展峰会、金砖国家领导人会晤、G20峰会、APEC领导人会议等多个重大国际场合,发出中国倡议、提出中国方案、贡献中国智慧。中国经济外交站在新的历史起点上,展现出更鲜明的时代特色。2017年的中国经济外交,以习近平主席在达沃斯世界经济论坛年会开幕式上的重要演讲拉开帷幕。习主席的演讲引发了全球政、商、媒、学术等各界的广泛关注和深入解读,各方普遍认为,习主席的演讲契合当前世界经济和经济全球化面临的复杂形势,给出解决根本性问题的答案,为陷入迷茫的国际社会指明方向,稳定了人心、提振了信心、凝聚了共识,充分展示了中国的大国担当精神和领导力。这是近年来习主席对外交往的一个片段,也是中国经济外交的一个缩影。[1]

2. 维护国内稳定

外交不仅要为国内经济建设创造良好稳定的国际环境,还需要紧紧围绕维持和服务国内稳定这个大局。有研究者指出:2010年后,维持国内稳定已经被提升为中国三大"国家核心利益"之一,成为中国内政外交的当务之急。维护和协调国内外稳定的大局是中国政治的基本要求,也是外交工作日益重要的任务。

3. 维护世界和平,促进共同发展

党的十九大报告把构建人类命运共同体和新型大国关系作为中国对外关系的努力方向,这意味着新时代中国外交是着眼于全人类和全球各国共同发展的角度,体现了中国的大国担当,融入了中国传统的"兼济天下"的情怀。新时代的中国外交将努力对未来全人类的和平事业与经济发展做出积极贡献,将造福整个世界。

(二)我国外交工作的总体布局

进入21世纪以来,我国外交工作逐渐形成了"大国是关键、周边是首要、发展中国家是基础、多边是重要舞台"的基本布局。今后一段时期内,仍会继续推进大国关系,构筑总体稳定、相对均衡、合作共赢的大国关系框架;不断深化周边睦邻友好,巩固和平稳定、共同发展的有利周边环境;进一步发展全方

---

[1] http://www.fmprc.gov.cn/ce/cgvienna/chn/zgbd/t1455478.htm。

位外交,加强与发展中国家的传统友谊,夯实中国外交的基础;积极参与多边合作,扎实推进经济外交,为加快转变经济发展方式服务等。十八大以来,习近平、李克强和其他国家领导人先后访问了数十个国家,多次出席重大的多边外交活动,将大国、周边、发展中国家、多边等外交工作密切结合,仍延续了中国外交的全方位布局。

1. 大国是关键

我国一直重视改善和发展同各个大国的关系,党的十九大政治报告把改善和发展同发达国家关系放在中国对外关系的重要位置,提出要"推进大国协调和合作,构建总体稳定、均衡发展的大国框架"。

2. 周边是首要

党的十九大政治报告高度重视处理好同周边国家的关系,指出要"按照亲诚惠容理念和与邻为善、以邻为伴周边外交方针深化同周边国家关系"。近20年来,我国与周边国家边境问题总体是和平稳定的,大多数周边国家对我国的态度是友好的。我国大力发展同周边国家的经贸、文化交流,在这种交流中实现了互利共赢,不仅推动我国贸易快速发展,也为周边国家经济发展做出了贡献。尤其近年来,随着"一带一路"倡议的提出和展开,我国与周边国家的经贸往来和人文互动更加密切和繁荣。

3. 发展中国家是基础

党的十九大报告指出:"秉持正确义利观和真实亲诚理念加强同发展中国家团结合作""加大对发展中国家特别是最不发达国家援助力度""支持广大发展中国家在国际事务中的代表性和发言权"。习近平就任国家主席后第一次出访的国家中就有非洲国家,习近平主席与李克强总理,在2013年、2014年两年内相继访问非洲,2018年9月,中非合作论坛峰会在北京举行,这些正向外界表明,以亚非拉为代表的广大发展中国家是中国外交的基础,这个基础在新时代外交布局中具有更大的重要性。

4. 多边是重要舞台

我国外交一直重视多边外交这个舞台,近年来积极参与多边事务,支持联合国、二十国集团、上海合作组织、金砖国家等发挥积极作用,推动国际秩序和国际体系朝着公正合理的方向发展。

【相关链接】多边外交

多边外交是指三个以上的国际关系行为体在常设的或特别的全球性或地区性的国际组织、国际会议中的互动。

多边外交上升为指导国家对外政策的思想和理论,则是多边主义。与多边主义相提并论的常有"单边主义""孤立主义"。但在很多情况下,学者们在具体运用这两个概念时往往并不作严格区分,例如最早提出"多边主义"概念的基欧汉就认为多边主义是"通过特别的安排或通过制度协调三个以上国家的国家政策的实践"。

多边外交是一种与双边外交相互补充的外交战略。

作为一个在国际事务中影响力日益上升的发展中大国,在各个议题领域的国际机制的框架下进行的多边外交活动是当前及未来中国外交的一个重要维度。参与、创建和建设国际机制则是中国在广泛的世界政治事务中实现和增进国家利益所不可或缺的战略选择。①

(三)推动建立长期稳定健康发展的新型大国关系

1. 同发达国家建立新型大国关系的重要意义

尽管由于文化传统、意识形态、政治体制的差异,中国与美、欧等西方发达国家之间一直存在着矛盾和冲突,有些国家还插手我国内部事务,企图引起我国内部动荡,但各大国一直是中国经济迅速发展和综合实力提升的重要外援。改革开放以来,尤其是中国加入 WTO 以来,美、欧等发达国家都是中国主要的贸易伙伴,也是中国吸引国外投资和技术的重要来源。处理好同各大国之间的关系对于我国国内经济发展、营造良好的国际和平环境、维护国内的稳定都具有重要的意义。

2. 中美新型大国关系

(1) 中美"构建新型大国关系"战略倡议的提出。

2012 年 2 月,习近平访美期间首次提出"构建新型大国关系"的提议,并对如何构建中美新型大国关系提出了四点建议:一要镜鉴历史,二要登高望远,三要互尊互信,四要互利共赢。2013 年 6 月,习近平主席与美国总统奥巴马在

---

① https://baike.baidu.com/item/%E5%A4%9A%E8%BE%B9%E5%A4%96%E4%BA%A4/6929459。

美国加州安纳伯格庄园举行了非正式会晤。会晤期间,两国元首就如何构建中美新型大国关系这一核心问题进行了深入的交流,并对事关中美关系发展的重大国际问题和地区性战略问题进行了深入的沟通。

2014年7月9日,习近平主席在中美战略与经济对话开幕式的致辞中9次提及"构建中美新型大国关系"。习近平在会上强调:"构建中美新型大国关系是一种使命和责任。中美两国经济总量占世界三分之一、人口占世界四分之一、贸易总量占世界五分之一,而且,中美两国利益深度交融,历史和现实都表明,中美两国合则两利,斗则俱伤。"

(2) 中美新型大国关系的内涵。

2013年6月,习近平主席和美国总统奥巴马庄园会期间,习近平主席用三句话精辟概括了中美新型大国关系的内涵:一是不冲突、不对抗。就是要客观理性看待彼此战略意图,坚持做伙伴、不做对手;通过对话合作而非对抗冲突的方式,妥善处理矛盾和分歧。二是相互尊重。就是要尊重各自选择的社会制度和发展道路,尊重彼此核心利益和重大关切,求同存异,包容互鉴,共同进步。三是合作共赢。就是要摒弃零和思维,在追求自身利益时兼顾对方利益,在寻求自身发展时促进共同发展,不断深化利益交融格局。

(3) 如何在处理中美关系中落实新型大国关系。

关于如何将新型大国关系的精神贯彻到中美关系实践当中这一问题,习近平主席在2013年6月同美国总统奥巴马会晤期间提出了四条建议:第一是提升对话互信新水平,第二是开创务实合作新局面,第三是建立大国互动新模式,第四是探索管控分歧新办法。

(四) 积极发展周边外交

1. 我国周边关系概述

(1) 我国周边外交的机遇。

首先,我国和周边国家经贸关系日益密切。亚太地区被认为是世界上最有活力、最具潜力、最有前景的地区之一。我国同周边国家的经贸往来日益密切。近30年来,我国经济发展的巨大成绩也带动了周边国家的经济发展,形成了良好的经济互动增长的良性循环。2014年中国与东盟国家贸易额超4 800亿美元,与日本、韩国的贸易额超5 400亿美元。许多周边国家从与我国的经贸合作中收益颇丰。

此外,我国与周边国家政治互信增强。多年来,我国坚持"睦邻、安邻、富邻""与邻为善、与邻为伴"等周边外交理念,积极与周边国家发展睦邻友好关系,管控分歧,以最大的诚意化解各种争端和热点问题,赢得了周边国家的信任和倚重。

(2) 我国周边外交面临的挑战。

第一,经贸摩擦不断。随着我国同周边国家的经贸往来越来越密切,各类贸易摩擦也逐渐增多。

第二,领土与海洋权益争端加剧。我国与日本有东海大陆架划界问题、钓鱼岛争端,同越南、菲律宾等国有南海争端。近年来这些争端有越来越加剧之势。

第三,美国插手我国周边事务。美国把中国周边国家作为遏制中国崛起的工具,挑动中国与周边国家之间的矛盾,并为周边国家提供政治和军事上的支持。这使得我国周边关系更加复杂。

2. 我国周边外交政策

在2013年10月召开的周边外交工作座谈会上,习近平强调,我国周边外交的基本方针,就是坚持"与邻为善、以邻为伴",坚持"睦邻、安邻、富邻",突出体现"亲、诚、惠、容"的理念。

"亲":发展同周边国家睦邻友好关系是我国周边外交的一贯方针。要坚持睦邻友好,守望相助;讲平等,重感情;常见面,多走动;多做得人心、暖人心的事,使周边国家对我们更友善、更亲近、更认同、更支持,增强亲和力、感召力、影响力。

"诚":要诚心诚意对待周边国家,争取更多朋友和伙伴。

"惠":要本着互惠互利的原则同周边国家开展合作,编织更加紧密的共同利益网络,把双方利益融合提升到更高水平,让周边国家得益于我国发展,使我国也从周边国家共同发展中获得裨益和助力。

"容":要倡导包容的思想,强调亚太之大容得下大家共同发展,以更加开放的胸襟和更加积极的态度促进地区合作。这些理念,首先我们自己要身体力行,使之成为地区国家遵循和秉持的共同理念和行为准则。

【相关链接】 周边外交工作座谈会

周边外交工作座谈会于 2013 年 10 月 24 日至 25 日在北京召开,这是党中央为做好新形势下周边外交工作召开的一次重要会议。中共中央总书记、国家主席、中央军委主席习近平在会上发表重要讲话。他强调,做好周边外交工作,是实现"两个一百年"奋斗目标、实现中华民族伟大复兴的中国梦的需要,要更加奋发有为地推进周边外交,为我国发展争取良好的周边环境,使我国发展更多惠及周边国家,实现共同发展。

中共中央政治局常委、国务院总理李克强主持会议。中共中央政治局常委张德江、俞正声、刘云山、王岐山、张高丽出席会议。

这次会议的主要任务是,总结经验、研判形势、统一思想、开拓未来,确定今后 5 年至 10 年周边外交工作的战略目标、基本方针、总体布局,明确解决周边外交面临的重大问题的工作思路和实施方案。①

(五)新时代的中国外交

进入新时代以来,中国在多边外交的舞台上表现非常活跃,相继举办 APEC 峰会、G20 杭州峰会、上海合作组织成员国总理第十四次会议、博鳌亚洲论坛等一系列重大国际性会议,不断向外界传达出中国外交的新理念、新思路、新做法。事实上,新时代以来,我国围绕着"中国梦""世界梦""人类命运共同体"等核心理念,不仅进行了一系列卓有成效的外交实践,还在此基础之上形成了新时代的中国特色社会主义外交新理念和新思想。

1. 中国梦统筹大局

"中国梦"在统筹国内国际两个大局的同时,也带来了外交战略思想的发展和创新,连接了中国与世界,指引了中国外交在复杂、动荡、多变的国际环境中一路前行。"中国梦"与"世界梦"相通,实现中华民族伟大复兴的中国梦,离不开与外部世界的密切联系,中国的发展离不开世界,同时中国的发展也必将促进世界各国的共同发展。实现"中国梦"必然要求中国更好地融入世界,更好地建立起与外部世界的和谐关系。"中国梦"需要和平的世界环境,需要外部的资源、市场,同时也为世界提供新的经济增长点。新时代的中国外交,正

---

① http://politics.people.com.cn/n/2013/1025/c1024-23332318.html。

是在"中国梦"的统筹之下全面展开的。

2. 打造人类命运共同体

进入新时代以来,中国外交在坚持和平、发展、合作理念的基础上,强调共赢思想的必要性和重要性,积极推动与各国合作共赢,构建人类命运共同体。中国提出的"一带一路"倡议,已获得沿线周边众多国家的参与和支持,"一带一路"将带动各国经济更加紧密结合起来,让更多国家搭上中国发展的快车,创造新的经济和就业增长点,增强各国经济内生动力和抗风险能力。这实际上就是在构筑人类命运共同体的过程,党的十八大报告确定的"和谐世界"和"人类命运共同体"理念和外交目标,与中国战略传统具有一致性。中国一向强调"和为贵"。人类命运共同体是让各国之间相互依存,让合作大于冲突,这样能更好地避免国与国之间的摩擦。当今世界的主题是和平与发展,因此人类命运共同体理念不仅适合中国,也与世界潮流具有一致性,因而中国倡导的"一带一路"建设具有强大的感召力和生命力。

【相关链接】 中国外交布局进入新时代

近一段时间,从接待俄罗斯总理梅德韦杰夫访华,到举世瞩目的中美元首北京会晤;从习近平主席出席亚太经合组织第二十五次领导人非正式会议并对越南、老挝进行国事访问,到中国国家元首首次在多边框架下同东盟领导人进行集体对话……一系列重大外交行动密集展开,展现了新时代中国外交的新气象、新作为,实现了十九大后中国特色大国外交的精彩开局。

大道之行,天下为公。进入新时代,中国将继续加强顶层设计,坚持主动谋划、积极作为,始终做世界和平的建设者、全球发展的贡献者、国际秩序的维护者,在追寻中华民族伟大复兴梦想的同时,为推动人类的进步事业作出新的更大贡献。

构建总体稳定、均衡发展的大国关系框架。中美双方按照新型大国关系的内涵——"不冲突、不对抗,相互尊重,合作共赢",在追求自身利益时兼顾对方利益,在寻求自身发展时促进共同发展,管控分歧,不断深化利益交融格局,确保了中美关系始终沿着正确轨道向前发展。中俄全面战略协作伙伴关系保持高水平运行,双方建立了高度的政治和战略互信、健全的高层交往和各领域合作机制,各自发展战略实现对接,两国合作成为地区合作的重要引擎。在中欧合作过程中,双方致力于构建和平、增长、改革、文明四大伙伴关系,以中欧班列为代表的中国—中东欧"16+1合作"驶入升级加速的快车道。

按照与邻为善、以邻为伴方针,深化同周边国家关系。中国践行亲诚惠容的理念,致力于全面有效执行《落实中国—东盟面向和平与繁荣的战略伙伴关系联合宣言的行动计划(2016—2020)》,与东盟的互利合作取得新进展,"钻石十年"合作框架逐步落实。随着基础设施等方面合作的加强,中国扩大了南亚"朋友圈"。中国同所有中亚国家建立了战略伙伴关系,中亚各国都已成为"一带一路"倡议的响应者和建设者。随着印度、巴基斯坦两个新成员加入,上海合作组织已经成为世界上面积最大、覆盖人口最多的区域合作组织,中国同上合组织成员国的合作也迈上了新台阶。

秉持正确义利观,推动同发展中国家合作提质升级。根据真实亲诚的对非工作方针,中国计划出资600亿美元用于支持中非十大合作计划。"全面战略协作伙伴关系"的新定位揭开了中非合作的新篇章。中国同拉美和加勒比国家共同体创立中拉论坛,构建中拉关系"五位一体"新格局。中国和阿拉伯国家建立全面合作、共同发展的战略合作关系,中阿集体合作进入全面发展的新阶段。中国也与多个太平洋岛国建立了战略伙伴关系。

推进同各国政党和政治组织的交流合作。当前,中国共产党与世界上160多个国家的400多个政党和政治组织保持着经常性的联络,全方位、宽领域、多层次的政党外交格局已经形成。全国人大对外交往工作积极开展,人民政协在世界广交朋友。军事外交的影响也日益扩大,维和、护航正在成为负责任大国的亮丽名片。

中国在构建互相尊重、公平正义、合作共赢的新型国际关系道路上大步迈进,迄今已同100个左右的国家和国际组织建立了不同形式的伙伴关系。在大发展大变革大调整的世界格局中,中国拓展全球伙伴关系网络,顺应了时代的召唤,回应了历史的选择。

从新起点出发,中国外交正以更开阔视野、更高远目标、更宏大格局、更从容步伐迈向新征程。[1]

---

[1] http://theory.people.com.cn/n1/2017/1116/c40531-29649366.html.

进入新时代,中国与世界的互动以及中国对世界的影响都达到了前所未有的高度,中国对世界经济发展的贡献和世界对中国发展的影响都在不断增强。但是机遇与挑战是并存的。过去的中国外交,中国多是被动作出反应,随着我国综合国力的提升和国际影响力的增强,中国变得更多以主动的姿态去面对外交。可以说,中国外交的舞台变得越来越宽广,责任也越来越重大,世界目光更多地聚焦向中国。为了实现中华民族伟大复兴的中国梦,维护世界的和平,构建人类命运共同体,中国外交还有很长的路要走。

二、新时代中国特色大国外交

当今世界充满希望,也充满挑战,如何让世界各国携手齐心共创人类美好的未来?"中国共产党始终把为人类作出新的更大的贡献作为自己的使命"[①],坚持走和平发展道路,提出"一带一路"倡议和构建人类命运共同体重要思想,对新时代中国特色大国外交谋局布篇,对世界走向之问作出了响亮回答。

(一)当代中国同世界关系的历史性变化

冷战结束后,尤其是进入21世纪以来,国际局势发生了广泛而深刻的影响,但和平与发展仍是时代主题。和平、发展、合作、共赢成为不可阻挡的时代潮流。改革开放以来,特别是进入新世纪以来,中国特色社会主义建设取得了举世瞩目的成就,中国的综合国力、国际地位、国际影响力大幅提升,中国正日益走近世界舞台的中央。

1. 世界正处于大发展大变革大调整时期

正确看待世界形势出现的新机遇、新挑战和新矛盾、新问题,必须准确把握世界发展大势和当今时代的新特征。

一是世界多极化在曲折中发展。虽然当今世界政治格局仍然是西方国家占主导地位,但西方发达国家分化日益明显,国际力量对比发生新的此消彼长,多极化趋势取得新的发展。新兴大国继续保持良好的发展势头,金砖国家等合作机制进入新的发展阶段,日益成为全球需求和消费增长的重要引擎、解

---

① 习近平:《决胜全面建成小康社会 夺取新时代中国特色社会主义伟大胜利》,北京:人民出版社,2017年,第57—58页。

决全球性问题的利益攸关方,推动世界多极化趋势向前发展。

二是经济全球化的深入发展。冷战结束以后,新科技特别是信息技术的突飞猛进推动着经济全球化迅猛发展。随着中国、印度等新兴市场国家融入全球经济体系,经济全球化的规模正在空前扩大。

三是社会信息化快速发展。当今世界,信息技术革命日新月异,互联网真正让世界变成了一个你中有我、我中有你的"地球村",也对国家的发展利益提出了新的挑战,迫切需要国际社会携手谋求共治、实现共赢。

四是文化多样化持续推进。当今世界,文化与经济、政治的联系日益紧密,越来越多的国家把提高文化软实力作为国家重要发展战略,国际思想文化领域的斗争仍然尖锐而又复杂,不同意识形态的斗争仍将长期存在。

五是全球治理体系变革加速推进。2008年金融危机发生后,新兴市场国家和一大批发展中国家快速发展,国际影响力不断增强。与此同时,以西方为主导的国际格局和"西方中心论"的国际关系治理理念越来越难以适应新的国际格局和时代潮流,各种弊端日益凸显,和平赤字、发展赤字、治理赤字的严峻挑战以及国际力量对比的变化,加速推动了全球治理体系的变革。[1]

中国要发展,必须认识世界发展大势,跟上时代潮流,树立世界眼光、把握时代脉搏,认清长远趋势,既要充分估计国际格局发展演变的复杂性、世界经济调整的曲折性、国际矛盾和斗争的尖锐性和我国周边环境中的不确定性,更要看到和平与发展的时代主题不会改变、国际体系变革的方向不会改变。[2]

2. 中国日益走近世界舞台中央

新中国成立70周年特别是改革开放40多年来,我们始终坚持独立自主的和平外交政策,始终不渝地走和平发展道路、奉行互利共赢的开放战略,坚定维护国际关系基本准则,维护国际公平正义,实现了由封闭半封闭到全方位开放的历史转变,积极参与经济全球化进程,为世界和平与发展不断贡献中国智慧、中国方案、中国力量。我国日益走近世界舞台中央,成为国际社会公认的世界和平的建设者、全球发展的贡献者、国际秩序的维护者!

第一,中国是拉动世界经济增长的最大引擎。自2008年国际金融危机爆

---

[1] 本书编写组:《中国特色社会主义理论与实践研究》,北京:高等教育出版社,2018年,第196页。
[2] 《习近平谈治国理政》第2卷,北京:外文出版社,2017年,第442页。

发以来,中国成为引领世界经济增长和保持国际经济稳定的焦点力量。改革开放40多年来,我们始终坚持以经济建设为中心,不断解放和发展社会生产力,我国主要农产品产量跃居世界前列,建立了全世界最完整的现代工业体系,科技创新和重大工程捷报频传。我国基础设施建设成就显著,信息畅通,公路成网,铁路密布,高坝矗立,西气东输,南水北调,高铁飞驰,巨轮远航,飞机翱翔,天堑变通途。现在,我国是世界第二大经济体、制造业第一大国、货物贸易第一大国、商品消费第二大国、外资流入第二大国,我国外汇储备连续多年位居世界第一。

第二,中国是世界和平的建设者。维护世界和平、促进共同发展是中国外交政策的宗旨。2015年习近平主席在联合国大会第七十届会议一般性辩论会上郑重宣布:"中国决定设立为期10年、总额10亿美元的中国—联合国和平与发展基金,支持联合国工作,促进多边合作事业,为世界和平与发展作出新的贡献。"①"中国广泛参与全球热点问题的解决,不仅积极推动了当年的印度支那和平进程,发起并实现了柬埔寨问题的和平解决,创建了旨在实现朝鲜半岛无核化的六方会谈,现在又积极推动伊朗、乌克兰、中东、南苏丹等热点问题的政治对话进程。中国每天有3 000多名维和人员坚守在世界各地,迄已派出20批59艘次舰船赴亚丁湾、索马里海域,为近6 000艘中外船只守护安全。"②这一串串数字背后是中国作为大国的国际担当的有力明证。

第三,中国是全球包容发展的贡献者。中国坚持走共同发展道路,倡导合作共赢的新型外交关系,弘扬新型义利观,坚持"互利"原则,发扬"让利"精神,乐于将自身发展经验和机遇同各国分享,积极实施"一带一路"倡议,欢迎各国搭乘中国发展的"顺风车",实现共同发展。中国从加入世界贸易组织到共建"一带一路",为应对亚洲金融危机和国际金融危机作出重大贡献。

第四,中国是国际秩序的维护者。新中国成立70周年尤其是经过改革开放40多年来的快速发展,正日益走近世界舞台的中央,逐步从战后国际秩序的反对者、排斥者发展为现存国际秩序的建设者和维护者,坚定地维护国际秩

---

① 《习近平谈治国理政》第2卷,北京:外文出版社,2017年,第526页。
② 王毅:《中国是国际秩序的维护者、建设者和贡献者》,2015年6月27日,人民网,http://politics.people.com.cn/n/2015/0627/c70731-27217883.html。

序中的主权平等原则、反对单边主义和霸权政治,始终致力于推动构建一个持久和平、普遍安全、共同繁荣、开放包容的世界。

(二)始终不渝坚持走和平发展道路

改革开放以来,中国始终坚持走和平发展道路,秉持正确义利观,推动建立以合作共赢为核心的新型国际关系,始终做维护世界和平、促进共同发展的坚定力量。

1. 中国和平发展道路的内涵

实现和平发展,是中国人民的真诚愿望和不懈追求。新中国成立70年来特别是改革开放40多年来,"中国坚定不移走和平发展道路,既通过维护世界和平发展自己,又通过自身发展维护世界和平。"[1],成功地走上一条与本国国情和时代特征相结合的和平发展道路。

中国的和平发展道路归结起来就是:既通过维护世界和平发展自己,又通过自身发展维护世界和平;在强调依靠自身力量和改革创新实现发展的同时,坚持对外开放,学习借鉴别国长处;顺应经济全球化发展潮流,寻求与各国互利共赢和共同发展;同国际社会一道努力,推动建设持久和平、共同繁荣的和谐世界。中国的和平发展道路最鲜明的特征是科学发展、自主发展、开放发展、和平发展、合作发展、共同发展。[2]

中国的和平发展道路是一条统筹国内发展和对外开放的发展道路,是一条勇于参与经济全球化而又坚持广泛合作、互利共赢的发展道路。中国和平发展不懈追求的是对内求发展、求和谐,对外求合作、求和平,通过中国人民的艰苦奋斗和改革创新,通过同世界各国长期友好相处、平等互利合作,让中国人民过上美好生活,也在力所能及的范围内承担更多的国际责任和义务,为人类和平发展作出更大的贡献。

2. 中国走和平发展道路的依据

中国走和平发展道路,不是权宜之计,更不是外交辞令,而是从历史、现实、未来的客观判断中得出的结论,"是中国对国际社会关注中国发展走向的

---

[1] 《习近平谈治国理政》第1卷,北京:外文出版社,2018年,第265页。
[2] 本书编写组:《中国特色社会主义理论与实践研究》,北京:高等教育出版社,2018年,第201页。

回应,更是中国人民对实现自身发展目标的自信和自觉。这种自信和自觉,来源于中华文明的深厚渊源,来源于对实现中国发展目标条件的认知,来源于对世界发展大势的把握。"①

走和平发展道路,是对中华民族优秀传统文化的传承和发展,也是中国人民从近代以后苦难遭受中得出的必然结论。② 中华民族是爱好和平的民族,有着5 000多年历史的中华文明,始终崇尚和平,和平、和睦、和谐的追求深深植根于中华民族的精神世界之中,深深溶化在中国人民的血脉之中。中国自古就提出了"国虽大,好战必亡"的箴言。"以和为贵""和而不同""化干戈为玉帛""国泰民安""睦邻友邦""天下太平""天下大同"等理念世代相传。中国历史上曾经长期是世界上最强大的国家之一,但没有留下殖民和侵略他国的记录。我们坚持走和平发展道路,是对几千年来中华民族热爱和平的文化传统的继承和发扬。③ 中国的近代史,就是一部充满灾难、落后挨打的悲惨屈辱史,是一部中华民族奋起抗争抵抗外敌入侵、实现民族独立的伟大斗争史。历经苦难磨练的中华民族更知道和平的弥足珍贵,怕的就是动荡,求的就是稳定,盼的就是天下的太平,绝不会将自己的曾经经历的困难强加给其他民族。

走和平发展道路,是基于新中国成立70年来的历史经验总结和未来发展的需要。中国的和平发展道路来之不易,是新中国成立以后特别是改革开放以来,我们党经过艰辛探索和不断实践逐步形成的。在长期实践中,我们提出和坚持了和平共处五项原则,确立和奉行了独立自主的和平外交政策,向世界作出了永远不称霸、永远不搞扩张的庄严承诺,强调中国始终是维护世界和平的坚定力量。这些我们将始终不渝坚持下去,永远不动摇。党的十八大以后,在"两个一百年"奋斗目标的基础上,又明确提出了实现中华民族伟大复兴的"中国梦"的奋斗目标。实现我们的奋斗目标,必须有和平国际环境。没有和平,中国和世界都不可能顺利发展;没有发展,中国和世界也不可能有持久和平。我们一定要抓住机遇,集中精力把自己的事情办好,使国家更加富强,使人民更加富裕,依靠不断发展起来的力量更好走和平发展道路。

---

① 《习近平谈治国理政》第1卷,外文出版社,2018年,第265页。
② 《习近平谈治国理政》第1卷,外文出版社,2018年,第247页。
③ 《习近平谈治国理政》第1卷,外文出版社,2018年,第265页。

走和平发展道路,是基于当今世界发展潮流的必然选择。纵观世界历史,依靠武力对外侵略扩张最终都是要失败的。这就是历史规律。世界繁荣稳定是中国的机遇,中国发展也是世界的机遇。和平发展道路能不能走得通,很大程度上要看我们能不能把世界的机遇转变为中国的机遇,把中国的机遇转变为世界的机遇,在中国与世界各国良性互动、互利共赢中开拓前进。我们要坚持从我国实际出发,坚定不移走自己的路,同时我们要树立世界眼光,更好地把国内发展与对外开放统一起来,把中国发展与世界发展联系起来,把中国人民利益同世界各国人民共同利益结合起来,不断扩大同世界各国的互利合作,以更加积极的姿态参与国际事务,共同应对全球性挑战,努力为全球发展作出贡献。

我们要坚持走和平发展道路,但决不能放弃我们的正当权益,决不能牺牲国家核心利益。任何外国不要指望我们会拿自己的核心利益做交易,不要指望我们会吞下损害我国主权、安全、发展利益的苦果。中国走和平发展道路,其他国家也都要走和平发展道路,只有各国都走和平发展道路,各国才能共同发展,国与国才能和平相处。我们要广泛深入宣传我国坚持走和平发展道路的战略思想,引导国际社会正确认识和对待我国的发展,中国发展绝不以牺牲别国利益为代价,我们绝不做损人利己、以邻为壑的事情,将坚定不移做和平发展的实践者、共同发展的推动者、多边贸易体制的维护者、全球经济治理的参与者。①

3. 中国走和平发展道路的重要意义

中国的和平发展道路是立足本国国情探索出的一条新型发展道路,为国际社会提供了一个全新的发展模式。随着时间的推移,这条道路已经并将进一步显示出其世界意义,对世界的和平与发展产生深远的影响。

中国走和平发展道路打破了"国强必霸"的大国崛起传统模式,避免了那种建立殖民体系、争夺势力范围、对外武力扩张的资本主义发展的老路。中国强大了,也坚决反对各种形式的霸权主义和强权政治,不干涉别国内政,永远不称霸,永远不搞扩张。我们在政策上是这样规定的、制度上是这样设计的,在实践中更是一直这样做的,始终是维护世界和平的一支重要力量。

---

① 《习近平谈治国理政》第 1 卷,外文出版社,2018 年,第 248—249 页。

中国走和平发展道路,带给世界的是更多机遇。中国坚持把本国人民利益同世界人民共同利益结合起来,以更加积极的姿态参与国际事务,发挥负责任大国作用,共同应对全球性挑战。中国的发展使世界各国广泛受益。中国通过改革开放加快发展,顺应了中国人民要发展、要创新、要美好生活的历史要求,契合了世界各国人民要发展、要合作、要和平生活的时代潮流,各国人民从中广泛受益。中国作为世界第一出口大国,为世界市场提供了大量物美价廉的商品,满足了世界各国人民的生活需要。中国不断扩大进口,并连续多年保持世界第一大出境旅游客源国地位,促进了其他国家的消费和就业。中国不断深化改革扩大开放,必将给世界各国带来更大机遇。①

中国走和平发展道路,将推动国际力量对比朝着相对均衡的方向发展,引导世界格局演变和国际体系变革。面对全球发展中的各种问题和挑战,中国坚定不移扩大开放,秉持互利共赢、共同发展的原则,同国际社会共同维护多边贸易体制,旗帜鲜明反对孤立主义、单边主义和贸易保护主义,大力促进贸易和投资自由化便利化,推动经济全球化朝着更加开放、包容、普惠、平衡、共赢的方向发展,推动建设一个公平公正的国际政治经济新秩序,为世界共同繁荣、持久和平作出更大贡献。

(三)推动构建人类命运共同体

1. 构建人类命运共同体思想的提出

提出构建人类命运共同体思想,具有鲜明的时代背景。从国际上看,一方面,人类只有一个地球,各国共处一个世界。各国之间的关系从来没有像今天这样紧密,世界人民对美好生活的向往从来没有像今天这样强烈,人类战胜困难的手段从来没有像今天这样丰富。全球命运与共、休戚相关,和平、发展、合作、共赢的时代潮流更加强劲。另一方面,人类也正处于一个挑战层出不穷、风险日益增多的时代,经济全球化遭遇逆风,世界经济长期低迷,发展鸿沟日益突出,地区冲突频繁发生,恐怖主义、难民潮等全球性挑战此起彼伏,各种社会政治思潮交锋激荡,世界充满了不确定性。"世界怎么了?我们怎么办?"面对全球性挑战,没有哪个国家可以置身事外、独善其身,世界各国需要以负责

---

① 秋石:《中国的发展带给世界的是机遇》,载《求是》,2018年第16期。

任的精神同舟共济、协调行动,共同维护和促进世界和平与发展。国际社会迫切呼唤新的全球治理理念,构建新的更加公正合理的国际体系和秩序,开辟人类更加美好的发展前景。

从国内来看,党的十八大以来,在新中国成立特别是改革开放以来我国发展取得重大成就的基础上,党和国家事业发生历史性变革,我国发展站到了新的历史起点上,中国特色社会主义进入了新时代,中国的治理理念和实践受到高度赞赏和广泛认同,国际影响力、感召力、塑造力进一步提高。中国有信心、有能力为世界作出更大贡献。[1]

党的十八大明确提出:"要倡导人类命运共同体意识,在追求本国利益时兼顾他国合理关切,在谋求本国发展中促进各国共同发展,建立更加平等均衡的新型全球发展伙伴关系,同舟共济,权责共担,增进人类共同利益。"[2]2013年3月23日,习近平在莫斯科国际关系学院发表演讲时首次系统阐述了"人类命运共同体"概念并指出:"这个世界,各国相互联系、相互依存的程度空前加深,人类生活在同一个地球村里,生活在历史和现实交汇的同一个时空里,越来越成为你中有我、我中有你的命运共同体。"[3]2015年3月,习近平出席博鳌亚洲论坛2015年年会时提出了"通过迈向亚洲命运共同体,推动建设人类命运共同体"的倡议。2015年9月,习近平在纽约联合国总部发表重要讲话指出:"当今世界,各国相互依存、休戚与共。我们要继承和弘扬联合国宪章的宗旨和原则,构建以合作共赢为核心的新型国际关系,打造人类命运共同体。"[4]2017年2月联合国社会发展委员会第55届会议首次将"构建人类命运共同体"写入联合国决议。2017年11月,"构建人类命运共同体"理念首次被纳入联合国安全决议,这表明构建人类命运共同体的中国方案在国际上受到了高度赞赏和广泛认同。

2. 构建人类命运共同体思想的丰富内涵

构建人类命运共同体思想,是一个科学完整、内涵丰富、意义深远的思想

---

[1] 本书编写组:《中国特色社会主义理论与实践研究》,北京:高等教育出版社,2018年,第289—290页。
[2] 《十八大以来重要文献选编》(上),北京:中央文献出版社,2014年,第37页。
[3] 《习近平谈治国理政》第1卷,北京:外文出版社,2018年,第272页。
[4] 《习近平谈治国理政》第2卷,北京:外文出版社,2017年,第522页。

体系,核心就是党的十九大报告中指出的:"建设持久和平、普遍安全、共同繁荣、开放包容、清洁美丽的世界",并从"伙伴关系、安全格局、经济发展、文明交流、生态建设等"①5个方面推动构建人类命运共同体。

坚持对话协商,建设一个持久和平的世界。国家和,则世界安;国家斗,则世界乱。国家之间要坚决摒弃冷战思维和强权政治,构建对话不对抗、结伴不结盟的伙伴关系。大国之间要坚持沟通、真诚相处,尊重彼此核心利益和重大关切,管控矛盾分歧,努力构建不冲突不对抗、相互尊重、合作共赢的新型关系。大国对小国要平等相待,不搞唯我独尊、恃强凌弱的霸道。任何国家都不能随意发动战争,不能破坏国际法治,不能打开潘多拉的魔盒,出现矛盾、分歧和争端,要通过平等协商以和平方式处理,以最大的诚意和耐心化解纷争,确保世界的持久和平。

坚持共建共享,建设一个普遍安全的世界。世上没有绝对安全的世外桃源,一国的安全不能建立在别国的动荡之上,他国的威胁也可能成为本国的挑战。习近平总书记指出,邻居出了问题,不能光想着扎好自家篱笆,而应该去帮一把。"单则易折,众则难摧。"国家不论大小、强弱、贫富以及历史文化传统、社会制度存在多大差异,都要尊重和照顾其合理安全关切。各方应该树立共同、综合、合作、可持续的安全观。要恪守尊重主权、独立和领土完整、互不干涉内政等国际关系基本准则,统筹维护传统和非传统安全。各国都有平等参与地区安全事务的权利,也都有维护地区安全的责任,要以对话协商、互利合作的方式解决安全难题。

坚持合作共赢,建设一个共同繁荣的世界。发展是第一要务,适用于各国。人类命运共同体追求的是共同发展,世界各国特别是主要经济体要加强宏观政策协调,兼顾当前和长远,着力解决深层次问题。要抓住新一轮科技革命和产业变革的历史性机遇,转变经济发展方式,坚持创新驱动,进一步发展社会生产力、释放社会创造力。要维护世界贸易组织规则,支持开放、透明、包容、非歧视性的多边贸易体制,构建开放型世界经济。要准确把握经济全球化的历史大势,加强协调、完善治理,引导经济全球化健康发展,推动建设一个开

---

① 《习近平谈治国理政》第2卷,北京:外文出版社,2017年,第541页。

放、包容、普惠、平衡、共赢的经济全球化,促成贸易大繁荣、投资大便利、人员大流动、技术大发展,既要做大"蛋糕",更要分好"蛋糕",着力解决公平公正问题。

坚持交流互鉴,建设一个开放包容的世界。人类文明多样性是世界的基本特征,也是人类进步的源泉。"多样带来交流,交流孕育融合,融合产生进步。尊重世界文明多样性,以文明交流超越文明隔阂、文明互鉴超越文明冲突、文明共存超越文明优越。"①世界上有200多个国家和地区,不同历史和国情,不同民族和习俗,孕育了不同文明,使世界更加丰富多彩。文明没有高下、优劣之分,只有特色、地域之别。文明差异不应该成为世界冲突的根源,而应该成为人类文明进步的动力。每种文明都有其独特魅力和深厚底蕴,都是人类的精神瑰宝。不同文明要取长补短、共同进步,让文明交流互鉴成为推动人类社会进步的动力、维护世界和平的纽带。

坚持绿色低碳,建设一个清洁美丽的世界。要坚持环境友好,合作应对气候变化,保护好人类赖以生存的地球家园。空气、水、土壤、蓝天等自然资源用之不觉、失之难续。工业化创造了前所未有的物质财富,也产生了难以弥补的生态创伤。我们不能吃祖宗饭、断子孙路,用破坏性方式搞发展。绿水青山就是金山银山。我们应该遵循天人合一、道法自然的理念,树立尊重自然、顺应自然、保护自然的生态文明观念,倡导绿色、低碳、循环、可持续的生产生活方式,平衡推进联合国2030年可持续发展议程,不断开拓生产发展、生活富裕、生态良好的文明发展道路,寻求永续发展之路,维护人与自然之间形成的生命共同体,为子孙后代留下天蓝、地绿、水净的美好家园。

这五个方面描绘了世界发展的美好前景,揭示了构建人类命运共同体的总体布局和实践路径,回答了"世界怎么了?我们怎么办"的世界难题,为新时代中国特色大国外交指明了方向。

3. 构建人类命运共同体思想的生动实践

为了更好地推动人类命运共同体的构建,中国积极推动"一带一路"重大倡议、上海合作组织、金砖国家、G20长效治理机制、中非"十大合作计划"、中

---

① 中共中央宣传部:《习近平新时代中国特色社会主义思想三十讲》,北京:学习出版社,2018年,第291页。

国-东盟合作机制、澜沧河-湄公河合作机制、中拉关系"1+3+6"合作新框架、中阿合作论坛、中国与中东欧国家的"16+1合作"、中国-太平洋岛国论坛对话会等一系列国际合作平台的建设。这些平台有些是全新搭建的,有些虽然是既有的,但是也在构建人类命运共同体新思想的指引下被赋予了全新的内涵和功能。① 在所有这些平台中,"一带一路"倡议占据着十分重要的特殊地位,它是"我国在新的历史条件下实行全方位对外开放的重大举措、推行互利共赢的重要平台"②,是新时代习近平深刻思考人类前途命运及中国和世界发展大势所提出的宏伟构想和中国方案,"是中国致力于构建人类命运共同体的生动实践。"③

"一带一路"倡议来自中国,但属于世界。古代丝绸之路是一条贸易之路,更是一条友谊之路。在中华民族同其他民族的友好交往中,逐步形成了以和平合作、开放包容、互学互鉴、互利共赢为特征的丝绸之路精神。新的历史条件下提出的"一带一路"倡议,就是继承和发扬丝绸之路精神,把我国的发展同沿线国家发展结合起来,把中国梦同沿线各国人民的梦想结合起来,赋予古代丝绸之路以全新的时代内涵。自2013年习近平提出共建"丝绸之路经济带"和"21世纪海上丝绸之路"重大倡议后,我国积极促进"一带一路"国际合作,聚焦政策沟通、设施联通、贸易畅通、资金融通、民心相通,聚焦构建互利合作网络、新型合作模式、多元合作平台,聚焦携手打造绿色丝绸之路、健康丝绸之路、智力丝绸之路、和平丝绸之路,以钉钉子的精神一步一步把"一带一路"建设推向前进。

政策沟通不断深化。中国已同40多个国家和国际组织签署了合作协议,同30多个国家开展机制化产能合作,同60多个国家和国际组织共同发出推进"一带一路"贸易畅通合作倡议。

设施联通不断加强。我们和相关国家一道共同加速推进雅万高铁、中老铁路、亚吉铁路、匈塞铁路等项目,建设瓜达尔港、比雷埃夫斯港等港口,规划

---

① 本书编写组:《中国特色社会主义理论与实践研究》,北京:高等教育出版社,2018年,第216页。
② 《习近平谈治国理政》第2卷,北京:外文出版社,2017年,第500页。
③ 王毅:《以习近平新时代中国特色社会主义思想引领中国外交开辟新境界》,人民网,http://politics.people.com.cn/n1/2017/1219/c1001-29714534.html。

实施一大批互联互通项目。目前,以中巴、中蒙俄、新亚欧大陆桥等经济走廊为引领,以陆海空通道和信息高速路为骨架,以铁路、港口、管网等重大工程为依托,一个复合型的基础设施网络正在形成。

贸易畅通不断提升。中国同"一带一路"参与国大力推动贸易和投资便利化,不断改善营商环境。2014年至2016年,中国同"一带一路"沿线国家贸易总额超过3万亿美元。中国对"一带一路"沿线国家投资累计超过500亿美元。中国企业已经在20多个国家建设56个经贸合作区,为有关国家创造近11亿美元税收和18万个就业岗位。

资金融通不断扩大。中国同"一带一路"建设参与国和组织开展了多种形式的金融合作。亚洲基础设施投资银行已经为"一带一路"建设参与国的9个项目提供17亿美元贷款,丝路基金投资达40亿美元,中国同中东欧"16+1"金融控股公司正式成立。这些新型金融机制同世界银行等传统多边金融机构各有侧重、互为补充,形成层次清晰、初具规模的"一带一路"金融合作网络。

民心相通不断促进。"一带一路"建设参与国在科学、教育、文化、卫生、民间交往等各领域广泛开展合作,为"一带一路"建设夯实民意基础,筑牢社会根基。中国政府每年向相关国家提供1万个政府奖学金名额,地方政府也设立了丝绸之路专项奖学金,鼓励国际文教交流。各类丝绸之路文化年、旅游年、艺术节、影视桥、研讨会、智库对话等人文合作项目百花纷呈,人们往来频繁,在交流中拉近了心与心的距离。

丰硕的成果表明,"一带一路"倡议顺应时代潮流,已经从理念转化为行动,从愿景变为现实,成为各方合作共赢的全球公共产品和广受欢迎的国际合作平台,符合各国人民利益,具有广阔前景。[①]

4. 构建人类命运共同体思想的重要意义

构建人类命运共同体思想紧扣和平和发展时代主题,顺应了历史潮流,回应了时代要求,凝聚了各国共识,为人类社会实现共同发展、持续繁荣、长治久安绘制了蓝图,对中国的和平发展、世界的繁荣进步都具有重大和深远的意义。

---

① 《习近平谈治国理政》第2卷,北京:外文出版社,2017年,第506—511页。

第一,人类命运共同体思想继承和发展了新中国不同时期重大外交思想和主张。新中国成立后特别是改革开放以来,党和国家高度重视推动构建和平稳定、公正合理的国际关系和国际秩序,提出和坚持了和平共处五项原则,确立和奉行了独立自主的和平外交政策,向世界作出了永不称霸、永远不搞扩张的庄严承诺,坚持走和平发展道路,倡导并致力构建和谐世界等重要外交理念。党的十八以来,以习近平同志为核心的党中央在继承和发展新中国不同时期的重要外交思想的基础上,积极推进外交理论和实践的创新,提出了一系列新理念新主张,其中,坚持构建人类命运共同体思想是习近平新时代中国特色社会主义外交思想的主要内容之一。

第二,构建人类命运共同体思想反映中外优秀文化和全人类共同价值追求。"和平、发展、公平、正义、民主、自由,是全人类的共同价值。"①建立公正合理的国际秩序,建设一个持久和平、共同繁荣的和谐世界,是人类孜孜以求的目标。《联合国宪章》等重要文件确立了主权国家平等、不干涉内政、和平解决国际争端原则,反映了国际社会谋求和平发展、维护公平正义的崇高理想。此外,中国传统文化的"和合"理念蕴含着丰厚的人类命运共同体的基因。在中国特色社会主义进入新时代,世界处于大发展大变革大调整的新的历史时期,人类命运共同体思想将中华传统优秀文化在新的高度上发扬光大,反映了全人类的普遍愿景和共同心声,产生了广泛而强烈的国际共鸣。

第三,构建人类命运共同体思想适应了新时代中国与世界关系的历史性变化。中国特色社会主义进入新时代,中国正日益走近世界舞台的中央,中国的发展越来越离不开世界,世界也越来越离不开中国。事实证明,只有世界好,中国才能发展好,只有中国发展好,世界才能变得更美好。实现中华民族伟大复兴的中国梦与世界各国人民的美好梦想息息相通。中国取得的巨大成就离不开世界人民的支持和帮助,日益发展强大的中国也更有责任和能力同世界人民分享发展的机遇。构建人类命运共同体思想的提出说明了中国发展越好,就越有能力塑造和影响世界,为国际社会作出更大贡献。②

---

① 《习近平谈治国理政》第 2 卷,北京:外文出版社,2017 年,第 522 页。
② 本书编写组:《中国特色社会主义理论与实践研究》,北京:高等教育出版社,2018 年,第 219 页。

第四，构建人类命运共同体思想指明了世界发展和人类未来的前进方向。当今世界的和平与发展面临各种问题和挑战，国际社会对未来发展方向感到迷茫彷徨。习近平总书记切实回应国际社会的共同诉求，提出了构建人类命运共同体思想，呼吁世界各族人民应秉持"生活在同一片蓝天下、拥有同一个家园，应该是一家人"的"天下一家"理念，张开怀抱，彼此理解，求同存异，共同为构建人类命运共同体而努力。"①构建人类命运共同思想所倡导的要和平不要战争，要发展不要贫穷，要合作不要对抗，要共赢不要单赢的核心主张，直面当今世界最重要的问题，解决了人们心中最大的困惑，拨云见日，为世界的和平与发展和人类的未来指明了正确方向。②

---

① 《习近平在中国共产党与世界政党高层对话会上的主旨讲话》，人民网，http://politics.people.com.cn/n1/2017/1201/c1024-29681175.html。

② 杨洁篪：《推动构建人类命运共同体》，载《人民日报》，2017年11月19日，第6版。

重 点 模 块

三、中美关系

(一) 党的十八大以后中美关系的新特点

1. "构建新型大国关系"成为中美双方的战略共识

2012年2月,习近平访美期间首次提出"构建新型大国关系"的提议,并对如何构建中美新型大国关系提出了四点建议:一要镜鉴历史,二要登高望远,三要互尊互信,四要互利共赢。

2013年6月,习近平主席与美国总统奥巴马在美国加州安纳伯格庄园举行了非正式会晤。会晤期间,两国元首就如何构建中美新型大国关系这一核心问题进行了深入的交流,并对事关中美关系发展的重大国际问题和地区性战略问题进行了深入的沟通。习近平主席和美国总统奥巴马庄园会期间,习近平主席用三句话精辟概括了中美新型大国关系的内涵:一是不冲突、不对抗。就是要客观理性看待彼此的战略意图,坚持做伙伴、不做对手;通过对话合作而非对抗冲突的方式,妥善处理矛盾和分歧。二是相互尊重。就是要尊重各自选择的社会制度和发展道路,尊重彼此核心利益和重大关切,求同存异,包容互鉴,共同进步。三是合作共赢。就是要摒弃零和思维,在追求自身利益时兼顾对方利益,在寻求自身发展时促进共同发展,不断深化利益交融格局。会晤期间习主席提出了四条建议:第一是提升对话互信新水平,第二是开创务实合作新局面,第三是建立大国互动新模式,第四是探索管控分歧新办法。

2014年7月9日,习近平主席在中美战略与经济对话开幕式的致辞中多次提及"构建中美新型大国关系"。习近平在会上强调:"构建中美新型大国关系是一种使命和责任。中美两国经济总量占世界三分之一、人口占世界四分之一、贸易总量占世界五分之一,而且,中美两国利益深度交融,历史和现实都表明,中美两国合则两利,斗则俱伤。"

2014年7月中美战略与经济对话期间,奥巴马政府也使用了"新型大国关系"的表述。美国政府对新型大国关系的很多具体内容还是认同的,比如互相尊重、共同解决问题、不冲突等。在全球化下,相互合作,共同受益是一个大趋势。在这一点上,美国政府与中国政府是达成共识的。不少美国政界、学界人士都认为新型大国关系是中美关系稳定发展的保障与方向。

2. 中国由"做题"变为"出题"

很长一段时间以来,中美关系都是一种非对称的关系,总是美国出题,中国做题。然而,自从2013年"习奥会晤"以后,这一局面已经发生了根本性的变化。中国已经意识到主动塑造中美关系未来和引领未来中美关系的走向的重要性。正如国内专家所指出的,"习奥会晤"的重大意义之一在于这是中国主动向美国提出"建立新型的大国关系",打破了一直以来美国出题、中国做题的既定模式。这显示出中国在处理中美关系中的自信心和主动性大大增强。

3. 中美关系仍具有两重性

友好合作和矛盾冲突一直是贯穿中美关系发展的两重面向,这种两重性仍将长期持续下去。

决定中美关系友好合作一面的主要因素是双方相互依存度越来越高。美国是高度发达的资本主义国家,其过剩的产品和资金需要寻找出路,离不开中国市场。中国目前仍处于发展中阶段,需要美国的先进技术、资金和管理经验。美国对华投资越来越多,中美贸易额逐年增加。中美经济已经形成了你中有我、我中有你的相互依存、不可分割的局面。此外,由于中美两国都是联合国常任理事国,都对世界格局有重要影响力,因而在处理和对待一些国际性事务的过程中,中美两国必须合作才能够解决问题。

但中美关系中也存在着矛盾冲突的一面。首先两国的意识形态、社会制度不同,文化和价值观念也有较大的差异。因而两国对涉及两国关系以及国际事务的看法难免会有分歧。此外,自冷战结束后,美国长期视中国为其推行全球战略的主要对手,竭力围堵、打压、遏制中国的发展。在台湾问题、西藏问题、人权问题等诸多领域,美国均借机攻击、打压、遏制中国。

正确认识中美关系中的这种两重性,对于发展两国关系至关重要。一方面要认识到,中美关系有合作共赢的基础,同时也要正确面对中美之间的矛盾和分歧,积极化解矛盾,求同存异,促进中美关系积极健康地发展。

4. 中美关系将影响世界格局

中美关系是21世纪全球最重要的双边关系,它的走向不仅涉及两个大国的根本利益,也将决定新世纪世界前进的方向,影响世界格局的演变。中美两国的体量和影响国际事务的能力表明,两国关系已经远远超出了双边范畴。因此中美构建新型大国关系成功与否不仅涉及两国人民的长远利益,还关乎国际秩序演变和世界新格局的形成,甚至可以说将对21世纪世界的和平与繁荣起决定性作用。

(二)当前中美关系形势及未来走向

1. 当前中美关系形势

特朗普就任总统后,美国对华政策正在发生实质性转变。特朗普政府2017年12月发表的《国家安全战略报告》、2018年1月发表的《国家防务战略报告》确认了地缘战略竞争的回归,认为对美国最大的威胁主要来自中国和俄罗斯的大国竞争。以往美国历届政府都肯定中国改革开放的巨大成就和对国际社会的贡献,但上述两个报告却把中国定位为"战略竞争者"。特朗普政府还挑起了针对中国的贸易战。中美关系进入一个战略转型期。在这一时期,竞争和博弈成为两国关系的新常态。这种竞争是全方位、多领域的,在竞争和博弈过程中,两国会通过相互调适这个过程形成中美互动的新模式。

中国以对外开放促进改革,积极参与全球化,为全球化作出了巨大贡献,现今中国经济已深深融入世界经济,全球经济也已经深度一体化。全球的产业链是几十年来根据市场规律自然形成的,是通过优胜劣汰、竞争、选择、组合形成的,其惯性之大绝非一国的权力所能左右。中美作为世界上最大的两个经济体,两国之间在经济上的相互依存程度很深,我中有你,你中有我。经贸关系依然是两国关系的稳定器。对于美方伤害中国根本利益的举措,既要坚决回击,也要努力寻求对话,通过协商的办法来化解双方之间的分歧和争端。现在的中美关系是两个社会之间的关系。我们要把各行各业的积极因素都挖掘出来,把中美关系的正能量充分发挥出来,把两国关系潜在的空间都释放出来,努力争取中美关系的稳定。[1]

2. 中美关系未来走向

中美建交以来,双边经贸关系不断发展,实现了优势互补、互利共赢。中国从中受益匪浅,美国也从中获得了广泛、巨大的经济利益,分享了中国发展带来的机遇和成果。对中美两国来说,合作是唯一正确的选择,共赢才能通向更好的未来。中国的立场是明确的、一贯的、坚定的。[2] 然而,美国把影响本国发展的矛盾简单归咎于经济全球化,搞贸易和投资保护主义,企图让世界经济退回到孤立的旧时代,这不符合历史潮流。美国以对华货物贸易逆差为由挑起的贸易摩擦成为当前中美关系的极大不稳定因素。

2017年新一届美国政府上任以来,以加征关税等手段相威胁,频频挑起与主要贸易伙伴之间的经贸摩擦。2018年3月22日,美国政府抛出所谓对华"301调查"报告,对中国提出"盗窃知识产权""强制技术转让"等不实指责,并基于此宣称将对从中国进口的价值500亿美元商品加征25%关税,并限制中国企业对美投资并购,挑起新一轮中美经贸摩擦。

针对美国政府单方面发起的中美经贸摩擦,中国本着最大限度通过对话解决问题的诚意,派代表团赴美谈判,并在谈判中对美国诉求做了积极回应。双方在付出艰辛努力后,2018年5月19日,中美发布联合声明,达成了"双方不打贸易战"的共识,同意继续保持高层沟通,积极寻求解决各自关注的经贸问题。可是,"仅仅10天之后,美国政府就公然撕毁双方刚刚达成的联合声明,背弃不打贸易战的承诺,越过世界贸易组织争端解决机制,宣布将对来自中国的产品实施大规模征税措施,单方面挑起贸易战。"[3]中国为捍卫国家尊严

---

[1] 陶文钊:《合作共赢四十年——中美关系的回眸和前瞻》,载《国际展望》,2019年第1期。
[2] 《〈关于中美经贸摩擦的事实与中方立场〉白皮书》,国务院新闻办公室,2018年9月24日,http://www.scio.gov.cn/zfbps/32832/Document/1638292/1638292.htm。
[3] 《〈关于中美经贸摩擦的事实与中方立场〉白皮书》,国务院新闻办公室,2018年9月24日,http://www.scio.gov.cn/zfbps/32832/Document/1638292/1638292.htm。

和人民利益,不得不作出必要反应,累计对美国1100亿美元的输华商品加征关税。

虽然美国政府在双边经贸谈判中出尔反尔,不守承诺,但是中国始终坚持通过对话协商解决争议的基本立场,以极大的诚意和耐心与美国政府开展了多轮磋商,力图弥合分歧、解决问题。2018年12月1日,中美两国元首在阿根廷二十国集团领导人峰会期间举行会晤,就双边经贸问题达成重要共识,同意停止相互加征新的关税,在90天内加紧开展磋商,朝着取消所有加征关税的方向努力。2019年6月29日,中美两国元首在大阪会晤,中美双方在平等和相互尊重的基础上重启经贸磋商,美方表示不再对中国出口产品加征新的关税,两国经贸团队将就具体问题进行讨论。经过多轮磋商,两国已就大部分问题达成一致。针对遗留问题,中国政府提出,双方要互谅互让,共同寻找解决分歧的办法。

对于两国经贸分歧和摩擦,中国愿意采取合作的方式加以解决,推动达成互利双赢的协议。"然而,美国政府得寸进尺,采取霸凌主义态度和极限施压手段,坚持不合理的高要价,坚持不取消经贸摩擦以来加征的全部关税,坚持在协议中写入涉及中国主权事务的强制性要求,导致双方迟迟未能弥合剩余分歧。"①2019年8月,美国宣布将对3000亿美元中国输美商品加征10%的关税,这一举动严重违背了中美两国元首大阪会晤共识,中国对此强烈不满、坚决反对,并采取反制措施,中美经贸摩擦的未来发展趋势仍存在着不确定性。

新时代中美之间的贸易摩擦一定要放到历史的大背景下进行分析解读。从目的看美国此举就是要遏制中国的崛起和发展;从实质上看就是两种制度、两种体系和两种文化之争。在认清美国挑起贸易摩擦和开打贸易战的目的和实质的同时,我们既要客观科学评估中美贸易战对世界经济,尤其是对中美经济的影响,以利于保持战略定力,更要积极主动地向民众传递这一信息,引导民众理性、全面地看待中美贸易战。我们作为新兴的社会主义大国,既要当好世界和平的建设者,又要当好全球发展的贡献者,更要当好

---

① 《〈关于中美经贸磋商的中方立场〉白皮书》,国务院新闻办公室,2019年6月2日,http://www.scio.gov.cn/zfbps/ndhf/39911/Document/1655914/1655914.htm。

国际秩序的维护者。①

聚焦合作、拓展共同利益,是中美建交40年来中美关系不断向前的动力所在。中美经贸关系事关两国人民福祉,也关乎世界和平、繁荣、稳定。现今中美双方要适应新的现实,不断寻找和扩大利益交汇点,不断推进务实合作,让两国人民有更多的获得感。中国改革的脚步不会停滞,开放的大门只会越开越大。继续以真诚的态度和开放的胸怀,与各国互学互鉴,深化互信与合作,推动构建人类命运共同体。特朗普政府对华战略调整给中国的发展带来了巨大的挑战。不过,中美关系的变局也是一次倒逼改革的机会。在以习近平同志为核心的党中央领导下,只要我们策略得当,将压力转换成改革的动力,那么中华民族的伟大复兴梦想就一定会实现。

四、中俄关系

(一)中俄关系历史回顾

中华人民共和国甫一成立,苏联是第一个予以承认的国家。1950年苏联和中华人民共和国签署了《中苏友好同盟互助条约》,并在20世纪50年代经历了苏中关系的"蜜月期"。之后,中苏之间经历了冲突和尖锐的意识形态论战等。

进入20世纪80年代,中苏双边关系逐步实现了完全正常化。在1989年苏共中央总书记米哈伊尔·戈尔巴乔夫访问北京期间,中国改革开放的设计师邓小平说,"问题就一阵风吹了",并建议"结束过去,开辟未来"。

1996年4月,俄罗斯总统叶利钦访问中国。中俄两国领导人在会谈后发表的《中俄联合声明》中宣布:双方"决心发展平等信任的、面向21世纪的战略协作伙伴关系"。2001年7月,中俄两国签署了《中俄睦邻友好合作条约》。2005年6月底至7月初,中俄两国签署了《中俄关于21世纪国际秩序的联合声明》和《中俄联合公报》。

2019年6月5日,中俄两国将两国关系提升为"新时代中俄全面战略协作

---

① 陈继勇:《中美贸易战的背景、原因、本质及中国对策》,载《武汉大学学报(哲学社会科学版)》,2018年第9期。

伙伴关系",双方签署了《中华人民共和国和俄罗斯联邦关于发展新时代全面战略协作伙伴关系的联合声明》和《中华人民共和国和俄罗斯联邦关于加强当代全球战略稳定的联合声明》。

(二)新时代中俄关系前景展望

推动构建人类命运共同体是党的十九大为中国外交确立的新使命,党的十九大宣告中国特色社会主义进入了新时代,也为中俄关系发展带来了新的前景和机遇。

1. 中俄经贸、人文合作将进一步深化

自中国提出"一带一路"倡议以来,俄罗斯一直积极支持"一带一路"倡议,并投入大量的资源参与到"一带一路"建设当中,是中国"一带一路"倡议的重要参与者和关键合作伙伴。这使得中俄双方达到了共同发展、互利共赢的效果。近年来中俄贸易和投资均迅速增长。虽然 2017 年前 10 个月,中俄双边贸易额达到 680 亿美元,同比增长 21.3%[①],但对比中国和欧盟、东盟等经济体的贸易额来看,中俄贸易额还有非常大的增长空间。从产业类型和结构来看,在农业、跨境电商、先进制造业、航空航天合作等许多领域,中俄之间还有大量可以挖掘的增长点。近年来,在西方国家对俄罗斯进行制裁,美国发动对中国贸易制裁的背景下,中俄之间的经贸合作对两国的发展都是有着重要意义的,必将得到进一步的深化。

十余年来,中俄先后联合举办了"国家年""语言年""旅游年""青年友好交流年""媒体交流年"等一系列活动,极大地推动了中俄人文交流,为"一带一路"倡议奠定了"民心相通"的坚实基础,从而为推动政策沟通、资金融通、设施联通创造了有利条件。中俄人员往来、互派留学和交流人员的人次逐年不断上升。党的十九大报告指出:"要尊重世界文明多样性,以文明交流超越文明隔阂、文明互鉴超越文明冲突、文明共存超越文明优越。"可以想见,在这样的理念指导之下,中俄人文交流必将更加深入。

2. 中俄将在推进全球治理体系变革中进一步加强合作

近年来,中俄两国在重大国际问题上保持了较好的合作,有力地维护了地

---

① 李辉:《中国发展新时代和中俄关系新前景》,https://www.fmprc.gov.cn/web/dszlsjt_673036/t1511579.shtml。

区和世界的和平,抵制了霸权主义和强权政治的肆意妄为。在朝鲜核问题、伊朗核问题、叙利亚问题等一系列重大地区热点问题上,中俄联手、密切协作,发挥了维护稳定的"压舱石"的作用。中俄在 G20 峰会、APEC 峰会、金砖国家、上海合作组织等系列重要多边国际平台中也一直保持了一致和默契,为推动公平、正义、合作、共赢的新型全球治理体系作出了贡献,赢得了国际社会广泛的支持和认同。近年来,世界经济领域出现了逆全球化的势头,贸易保护主义抬头,对中俄两国都造成了严峻的挑战,这或许将促进中俄更加紧密的合作,以应对新的挑战。

动 态 模 块

五、钓鱼岛问题

(一) 我国对待钓鱼岛问题的基本立场和总体思路

1972年中日建交前后,周恩来总理提出把钓鱼岛等岛屿的归属问题挂起来,留待将来条件成熟时再解决。当时中日双方就此达成一致。1978年中日签署和平友好条约,当时的邓小平副总理表示,钓鱼岛问题可留日后慢慢解决。中国政府从维护中日关系大局出发,提出"搁置争议,共同开发"的主张。对日方在钓鱼岛上采取宣示主权的举动,中国政府及时表明原则立场并严正指出,日本单方面任何行动都不具有法律效力。1992年,中国通过《领海及毗连区法》,写明钓鱼岛等岛屿是中国领土。

归纳中国政府在钓鱼岛问题上的表态和声明,主要包括四个要点:一是钓鱼岛主权在我,钓鱼岛及其附属岛屿是我固有领土,我对此拥有无可争辩的历史和法律依据;二是中日双方对钓鱼岛主权存在争议是不容回避的事实;三是中日之间关于钓鱼岛不存在所谓"秘密约定";四是中日双方应在尊重事实的基础上通过外交谈判寻求解决。

(二) 现状与发展趋势

冷战结束以来,美日对华遏制、牵制的一面突显出来。日本企图依靠美国支持完全控制、攫取钓鱼岛,并根据1994年生效的《联合国海洋法公约》确立的海域划界等制度,以钓鱼岛为基点与中国在东海海域划界、大陆架谈判等问题上进行争夺。为此,日本政府纵容右翼分子不断登岛挑衅,否认中日围绕钓鱼岛主权归属问题存在争议,并且有计划地推进钓鱼岛"国有化",企图最终从法律程序上完成对钓鱼岛的控制。

钓鱼岛争端是国家主权、海权之争,不仅事关我国海洋战略和海洋权益,而且涉及国家和民族尊严,与中国崛起紧密相连。

对日本而言,攫取钓鱼岛除了觊觎该海域丰富的石油等海洋资源外,更有深层次的战略考虑,即将钓鱼岛作为实现其"千海里防卫"的据点,监控我国沿海地带和台湾。钓鱼岛问题已经成为中日关系中最重要、最敏感的问题之一。

应当认识到,我国与日本在钓鱼岛问题上的斗争和较量将是长期过程,问题的最终解决不可能一蹴而就,需要运用多手段综合施策,争取主动。其中,应特别重视法理斗争手段,重点是针对日本声称拥有钓鱼岛主权的核心观点,广泛利用联合国等国际组织以及有影响力的国际媒体,运用易于被国际社会接受的话语体系,深入研究和阐明钓鱼岛属于中国的法理依据,争取国际社会支持。

同时,我们也应看到,相较于改革开放大环境、国内社会稳定及中日关系等大局,钓鱼岛问题仍然属于局部问题。中国政府在处理钓鱼岛问题上始终坚持有理、有利、有节和"斗而不破"的原则,在与日方的交锋中取得了较好效果,这一原则在今后一个时期处理钓鱼岛问题上仍将发挥重要作用。只要我们有坚定的意志、有力的措施,随着我国综合国力不断壮大,海峡两岸关系不断发展,日本攫取钓鱼岛的图谋就难以得逞。面对历史留给中日两国的悬案,两国有识之士就应该共同思考,尊重历史与法理,拿出诚意与智慧,不使它继续成为可能恶化中日关系的不稳定因素,争取和平地、创造性地解决这一问题。

六、朝鲜半岛问题

(一)现状

朝鲜半岛问题的核心是朝核问题,所以当前朝鲜半岛的首要问题主要指的是朝鲜半岛核问题,而朝鲜半岛南北统一问题则应该是相关各方下一阶段考虑的议题。

为使朝核问题和平解决,中国政府积极斡旋,于2003年4月促成有朝鲜、中国、美国参加的朝核问题三方会谈。同年8月,中国又促成有中国、朝鲜、韩国、美国、日本、俄罗斯参加的朝核问题六方会谈,并确立了通过谈判和平解决朝核问题的原则。2005年9月,第四轮六方会谈达成共同声明。朝方承诺,放弃一切核武器及现有核计划,早日重返《不扩散核武器条约》;美方确认,美国在朝鲜半岛没有核武器,无意以核武器或常规武器攻击或入侵朝鲜。但在六方会谈期间,美国对朝鲜的敌视政策并没有丝毫改观,针对朝鲜的美韩联合军演仍频频举行。朝鲜则分别于2006年10月和2009年5月先后进行两次核试验,并正式宣布退出六方会谈。六方会谈从此开始陷入停滞状态。2013年2月17日,朝鲜举行第三次核试验,联合国随即通过2094号决议对朝鲜进行严厉谴责和制裁,朝鲜则宣布自2013年3月11日起退出1953年签署的《朝鲜停战协定》,全面废除韩朝之间签订的不可侵犯协议。朝鲜劳动党中央委员会于2013年3月31日举行全体会议,决定实行经济建设与"核武力"建设并行的新战略路线。

（二）趋势

朝鲜核问题不仅是半岛国家本身的问题,由于历史和现实因素,它同时也深刻影响到国际和地区格局。20世纪90年代朝核问题浮出水面以后,有人认为这是朝鲜内政问题,发展什么武器来壮大国防力量是朝鲜主权,别人无权干涉,因此认为朝核问题根本不是问题,自然无须国际社会讨论。后来有人认为,朝核问题是美朝双边关系问题,因为美国对朝持敌视政策,朝鲜感到不安全,故发展核武器以自卫。解决之道是美朝双边谈判。后来随着事态的发展和基于上述两种判断而召开的双边、三边、四边会谈的失败,人们才开始认识到,朝核问题的实质是核扩散问题,它涉及地区的和平与稳定,涉及《不扩散核武器条约》的权威性和人类的生存与发展,危及全人类的共同利益。这样,人们才认识到朝核问题的解决之道必须是多边谈判,至少在东亚地区有直接安全利益的各主要国家都应参加讨论。只有这样,才能产生符合地区和平与稳定的好结果,其中包括好的协议和好的执行。从这个意义上言之,通过六方会谈解决朝核问题,反映了国际社会对朝核问题的本质有了清晰判断。诚然,由于过去举行的多轮六方会谈事实上未能达到阻止朝鲜发展核武器的目的,导致国际社会对六方会谈的前景出现信心危机。但是,即使在目前形势下,包括美国在内的各国仍坚信必须通过和平方式和外交手段解决朝核危机。从这个意义上讲,六方会谈虽然并非完美有效的方式,但仍是在目前形势下外交解决朝核危机的唯一为各国所接受的现实方式。

(三)我国对待半岛问题的基本立场和总体思路

在争取外交解决朝核问题的过程中,处于独特地位且拥有相对外交资源优势的中国,一直扮演着和平斡旋者的角色,发挥着愈来愈重要的积极作用,受到了国际社会的普遍关注和广泛好评。中国对解决朝核问题的原则立场是,既要维护半岛的无核化地位,又要保证半岛的和平与稳定并解决朝鲜的安全关切问题。为此,长期以来,中国一直主张以"对话和磋商"而非经济制裁或军事打击的方式,和平解决朝鲜半岛核问题,并为实现这一目标付出了巨大的外交努力,最终促成了六方会谈。

中国处理朝核危机始终以国际法为准绳,不以意识形态划线,而是依据事实的是非曲直决定中国的立场,中国政府在解决朝鲜核问题上的政策主张主要体现在下述三个方面:(1)维护朝鲜半岛的和平与稳定;(2)通过外交和政治手段解决分歧;(3)实现朝鲜半岛无核化。2014年3月,中国外交部长王毅指出,在朝鲜半岛问题上,我们始终有一条"红线",就是绝不允许生战生乱。朝核问题是目前的症结所在,只有实现了无核化,半岛才有真正和持久的和平。六方会谈是目前唯一能够被各方所接受的对话机制,谈比不谈好,早谈比晚谈好。

2017年新年伊始,中国发布《中国的亚太安全合作政策》白皮书,其中阐明了关于朝鲜半岛问题的立场:"将继续与国际社会一道,为推进半岛无核化、实现半岛及东北亚长治久安作出不懈努力。"[①]中国坚持以对话谈判解决朝核问题。2017年,王毅外长在朝鲜半岛核问题安全会部长级公开会上强调:"武力解决不了分歧,反而会造成更大灾难,对话谈判是唯一出路。"[②]朝鲜领导人金

---

① 《中国的亚太安全合作政策》,国务院新闻办公室,http://www.scio.gov.cn/zfbps/ndhf/36088/Document/1539911/1539911.htm。
② 王毅:《坚持实现无核化目标维护半岛和平与稳定》,新华网,http://www.xinhuanet.com/2017-04/29/c_1120893451.htm。

正恩从2018年3月25日第一次访华后,在10个月内连续访问了中国四次,通过金正恩的四次访问,双方在无核化与和平机制构建问题上的磋商达到了新的高度,中国的重要作用与影响也得到了加强。2019年6月20日至21日,中共中央总书记、国家主席习近平对朝鲜进行国事访问,在中朝建交70周年的重要节点,成为两国关系交往史中的一座重要里程碑。习近平主席在访问中指出,半岛问题高度复杂敏感。我们要从战略高度和长远角度来准确把握形势走向,切实维护半岛和平稳定。中方支持推进半岛问题政治解决进程,为解决问题积累和创造条件。中方愿为朝方解决自身合理安全和发展关切提供力所能及的帮助,愿同朝方及有关各方加强协调和配合,为实现半岛无核化和地区长治久安发挥积极建设性作用。[①] 当前,中朝关系已经进入新的历史时期。中国党和政府高度重视中朝友好合作关系,维护好、巩固好、发展好中朝关系,始终是中国党和政府坚定不移的方针。一个无核化的、永久和平的朝鲜半岛,符合半岛南北双方以及本地区所有有关各方的根本利益。正是从这一点出发,中国一直主张对话协商解决朝鲜半岛问题,坚持在实现半岛无核化的同时,建立起半岛永久和平体制。多年来,中方为推动半岛核问题的妥善解决作出了不懈努力,发挥了重要和建设性的作用。

七、英国脱欧问题

(一) 英国脱欧的原因

1. 英国与欧盟的矛盾由来已久

英国脱欧的深层次原因是英国有着深刻的疑欧传统。岛国特性以及帝国情结使英国与欧盟一直处于若即若离的状态。英国在加入欧盟时就频频引发国内争议,主要是因为"'入盟'涉及英国的战略选择、侵蚀了英国的主权、冲击了英美特殊关系"[②],加入欧盟后,疑欧主义并没有随着欧洲一体化的进程而衰弱,"英国在欧盟内的定位依旧是'一体化中的外者',在欧盟范围内推动其自

---

① 《习近平同朝鲜劳动党委员长、国务委员会委员长金正恩举行会谈》,新华网,http://www.xinhuanet.com/politics/leaders/2019-06/20/c_1124650674.htm。
② 赵怀普:《英国缘何对欧盟若即若离》,载《国际论坛》,2005年第5期。

由主义经济政策理念,领导单一市场建设;在与主权密切相关的政策领域,如货币政策、申根体系等问题上'选择性'退出"①。

2. 欧盟面临的多重危机加剧英国的脱欧倾向

英国脱欧的直接原因是近来年欧盟面临的多重危机,特别是债务危机和难民危机。首先,欧盟在处理欧债危机与难民危机上的不力,严重影响了欧洲民众对欧盟的认同。"根据皮尤研究中心最新的民意调查结果,恰是在经济和难民问题上,民意表现出对欧盟最不认同的立场。难民问题上,98%的希腊人、88%的瑞典人以及77%的意大利人都表示不同意欧盟的方式,认同最高的国家荷兰也仅有31%的比例支持欧盟方案。经济议题上,仅有6%的希腊人、22%的意大利人、27%的法国人对欧盟应对经济问题的措施持赞成态度。这些数据都表明了民众认为欧盟在应对与民众切身利益相关问题上的失败。"②其次,欧盟在应对欧债危机过程中对成员国民主政治的干预与英国传统的民主观念相冲突。"应对债务危机过程中,欧盟机构获得了对成员国经济政策前所未有的干预权能,日益涉入成员国的政治决策。成员国民主政治与欧盟权能之间的不对称性增加,欧盟民主合法性赤字加剧,是触发英国脱欧进程的重要因素。"③再次,难民危机加剧英国脱欧倾向。按照欧盟内部人员、资本自由流动的原则,英国必须要接受一定的配额难民,难民的涌入增加了英国的负担,不少英国人认为难民的进入抢夺了他们的工作机遇。

3. 英国社会的不平等导致疑欧派势力壮大

英国是欧盟中贫富差距最严重的三个国家之一,在应对欧债危机的过程中,英国的贫富差距进一步扩大。"英国的社会分化为极端政党动员民粹主义提供了空间。在2014年欧洲议会选举中,疑欧的英国独立党获得了超过20%的选票。此次公投,疑欧和脱欧力量正是抓住了民众在一体化面前的不安全感,承诺控制边境、减少移民、保护英国民众的就业机会,争取支持。"④

---

① 金玲:《英国脱欧:原因、影响及走向》,载《国际问题研究》,2016年第4期。
② 金玲:《英国脱欧:原因、影响及走向》,载《国际问题研究》,2016年第4期。
③ 金玲:《英国脱欧:原因、影响及走向》,载《国际问题研究》,2016年第4期。
④ 金玲:《英国脱欧:原因、影响及走向》,载《国际问题研究》,2016年第4期。

(二) 英国脱欧的进程

1. 英国脱欧的初始期

2013年1月23日,英国首相卡梅伦首次提及脱欧公投。2016年6月23日英国正式举行脱欧公投,脱欧阵营以52%的支持率获胜,英国决定退出欧盟。首相卡梅伦在结果公布之后宣布辞职。卡梅伦之所以提出公投计划,首先是向欧盟要价,其次是为弥合党内裂痕。公投立场为卡梅伦的保守党赢得了2015年选举。但他没想到公投真的会导致英国脱欧,把事情"玩砸了"。① 由于留欧的支持率为48%,与脱欧的支持率不相上下,许多民众不满英国脱欧公投结果,发起联署签名请愿,要求英国议会重新考虑这次公投的有效性,呼吁二次公投。

2. 英国脱欧的拉锯战

特蕾莎·梅接替卡梅伦成为英国新任首相。2017年3月16日,英国女王伊丽莎白二世批准"脱欧"法案,授权英国首相特雷莎·梅正式启动脱欧程序。由于英国与欧盟之间的意见不合,脱欧谈判僵持不下,经过近一年的谈判,2018年3月欧盟和英国就脱欧过渡条款达成协议,过渡期将维持21个月,于2019年3月29日开始,至2020年12月31日结束,"脱欧"谈判迈出了"决定性一步"。2018年6月26日,英国女王伊丽莎白二世批准了英国首相特雷莎·梅最重要的脱欧法案,结束了围绕该法案长达数月的辩论。该法案将正式结束英国的欧盟成员国身份。但是,英国议会下院投票对此前英国政府与欧盟达成的"脱欧"协议并不满意,同时,包括英国所有主要政党成员在内的民众对第二次脱欧公投的呼吁越来越强烈,英国首相特蕾莎·梅与欧盟只能重启"脱欧"协议谈判。之后,英国国内就"脱欧"协议以及是否"无协议脱欧"争持不下,脱欧进入僵持阶段,脱欧被推迟。2019年4月10日,欧盟各国达成一致,同意将英国"脱欧"日期延迟至10月31日。由于英国各方力量的利益斗争,英国首相特雷莎·梅在脱欧过程中难以调和各方的矛盾,特别是在新脱欧协议与二次脱欧公投问题上引发众多不满,特雷莎·梅逐渐失去对局势的控制,多位保守党官员因为脱欧问题相继辞职。在多重压力下,2019年6月7

---

① 《英国脱欧释疑:如何影响世界,卡梅伦为何辞职?》,人民网,http://sc.people.com.cn/n2/2016/0626/c345460-28566192.html。

日,特蕾莎·梅辞职。

3. 英国脱欧的未来趋势

2019年7月24日,鲍里斯·约翰逊正式接任特蕾莎·梅,成为英国首相。持强硬脱欧派立场的英国新首相鲍里斯·约翰逊表示,2019年10月31日前英国必须完成脱欧,不管有无协议,但英国脱欧由于多方利益纠葛,各种权利相衡,其前途渺茫,形势仍旧不明朗,英国脱欧的未来仍具有很大的不确定性。

(三) 英国脱欧的影响

1. 对欧盟的影响

英国脱欧对欧盟产生了巨大的负面影响。首先,英国脱欧使欧盟的国际影响力降低。英国虽然与欧盟一直若即若离,但仍然是欧盟的重要成员国。英国脱欧"暴露了一体化模式中的深层次问题,加剧了欧盟'多重危机'的国际形象,软实力受到严重侵蚀"。[1] 其次,英国脱欧将不可避免地引发欧盟的力量重组,改变了原有各成员国之间的力量均衡,欧盟内部的不稳定性增加。再次,英国脱欧是欧洲一体化以来第一次有国家退出联盟,这对欧盟成员国产生了巨大打击。各成员国不禁开始思考是留欧还是脱欧,欧洲是否应该继续一体化,欧洲一体化面临方向性选择的问题。

2. 对英国的影响

对英国来说,脱欧在短期内有利于缓解和转移英国的经济社会矛盾,但从长远来看,脱欧将会给英国的经济社会发展带来不可忽视的负面影响。首先,脱欧将降低英国的经济实力。"虽然脱欧能为英国节省约占GDP0.3%～0.4%的年预算摊派费,摆脱欧盟劳动者自由流动制度的限制,减少外来移民给英国社会福利制度和劳动力市场造成的冲击,进而促进本国就业,但是,英国也面临市场避险行为诱发金融市场动荡、英镑地位和伦敦作为世界金融中心地位受到冲击的风险。增长预期的不确定性和贸易投资规模的下降也将减少劳动力市场需求和普通民众的消费福利,从而抑制经济发展。"[2]"根据英国财政部的预测,脱离欧盟后英国的GDP将缩减6.2%,英国家庭年收入减少

---

[1] 金玲:《英国脱欧:原因、影响及走向》,载《国际问题研究》,2016年第4期。
[2] 吴志成:《英国脱欧对欧洲及世界格局的影响》,载《光明日报》,2019年1月17日。

4 300英镑,年度税收也将面临360亿英镑的缺口。"① 其次,脱欧将带来国家分裂的风险以及社会裂痕的加大。苏格兰历来支持留欧,脱欧将会助长本已十分活跃的独立运动,很有可能导致英国的分裂。同时,脱欧凸显了英国的社会阶层矛盾和代际冲突,政治精英与社会草根之间久已存在的社会裂痕更加难以弥合。

3. 对国际格局的影响

首先,作为世界国际化中的重要一极,欧盟是国际政治格局中的重要力量。英国脱欧使欧盟的国际影响力下降,使未来国际格局走向具有更多的不确定性因素。"一个团结、强大、稳定的欧盟无疑是当今全球治理体系变革不可忽视的力量,但英国脱欧使欧盟的整体实力、外交资源及其治理能力受到损减,其全球作用的发挥也将增加许多制约,甚至给新时期的全球化进程与全球治理增加新的阻力和不确定性。"②

其次,欧俄关系可能得到进一步改善。"英国是欧盟最坚定的大西洋主义国家,在贸易自由与安全政策领域,推动欧盟与美国接近。乌克兰危机使得欧俄关系陷入僵局,英国对俄立场强硬,主张欧美联手加大对俄制裁。英国脱欧后,英欧的相互制约松解,欧盟内部对俄温和力量上升,欧俄关系改善的可能性增加,俄罗斯在欧洲大陆的影响力和全球地位将逐渐恢复,亚欧大陆的政治版图也许因此发生变化。"③

---

① 《假如脱欧,英国和欧盟会如何?》,新华网,http://www.xinhuanet.com/world/2016-06/20/c_129076682.htm。
② 吴志成:《英国脱欧对欧洲及世界格局的影响》,载《光明日报》,2019年1月17日。
③ 吴志成:《英国脱欧对欧洲及世界格局的影响》,载《光明日报》,2019年1月17日。

后 记

2015年12月,由上海大学陶倩教授领衔的"形势与政策"课教研团队获得教育部2015年全国高校思想政治理论课教学科研团队择优支持计划——《高校"形势与政策"课创新建设研究》项目立项。

根据"形势与政策"课的课程特点,项目组总体构建了七大版块和三大系列互相交织对应的立体研究框架。按照《习近平总书记系列重要讲话读本》(2016年版)的篇章设计,项目组重点围绕中国特色社会主义事业"五位一体"总体布局,即经济、政治、文化、社会、生态五大版块,再增加党的建设以及国际关系与外交主题,合计七大版块作为项目研究的主要内容框架。此外,项目组又设计了教案、课件、问答集三大系列研究载体,每一系列的研究过程均贯穿七大版块研究主题。

目前呈现的系列丛书,包含两本《"形势与政策"教学教案集》和一本《"形势与政策"教学问答集》。前者,将七大版块主题分解为两部分:一是围绕经济、文化、社会、生态主题形成一本教案集;二是围绕政治、党建、国际关系与外交主题形成另一本教案集。七大版块主题框架下均包括三个模块:"常规模块",主要梳理和分析围绕本主题的国家政策和核心理论;"重点模块",主要围绕党的十八大以来改革开放重点领域的政策沿革进行讨论和研究;"动态模块",着重阐述和分析相关领域实践推进的动态情况。后者,主要围绕七大版块主题展开师生问答。该书的问题既有源于学生课内外提出的问题,也有来自任课教师在课程教学中发现、搜集和整理的问题。促进学生提问与教师提问相互补充,共同发挥作用,是上海大学思政课"问题解析式"教学方法的特色所在。

上海大学马克思主义学院的众多师生积极参与了本系列丛书的编写。在《"形势与政策"教学教案集——经济、文化、社会、生态篇》中,参与经济篇写作的人员有:焦成焕、薛军民、林敏华、艾慧、田杨、金汶漫,由艾慧负责统稿;参与文化篇写作的人员有:袁晓晶、王慧、陆丹凌、胡梦莉、赵荣锋、凌思慧,由袁晓晶负责统稿;参与社会篇写作的人员有:高立伟、孙会岩、高敏、崔玲玲、盛红、张晨蕊、王慧,由孙会岩负责统稿;参与生态篇写作的人员有:彭学农、盛宁、黄丽娜、殷飞龙、司赛赛、胡梦莉、陈沙沙、高霏、赵喆超、王娇、崔悦、薛青、陈鑫、黄延芳、吴洁,由盛宁负责统稿。在《"形势与政策"教学教案集——政治、党建、国际关系与外交篇》中,参与政治篇写作的人员有:申小翠、邱仁富、范铁中、梁艳、朱志勇、王珂,由申小翠负责统稿;参与党建篇写作的人员有:许静仪、申小翠、王有英、谢婧怡、聂海岭、邱仁富、邹汉阳,由许静仪负责统稿;参与国际关系与外交篇写作的人员有:李华、何英、孙士庆、邱海燕、吉征艺、刘子杰,由刘子杰负责统稿。在《"形势与政策"教学问答集》中,参与写作的人员有:薛军民、丁晓峰、艾慧、焦成焕、林敏华、刘铮、郭得恩、王菲瑶、邹汉阳、申小翠、范铁中、王有英、梁艳、王珂、宋津明、宁莉娜、袁晓晶、白一汐、潘哲初、韩晓春、李晨、孙会岩、戴益斌、盛宁、彭学农、邱仁富、许静仪、杨秀君、聂海岭、刘子杰、吉征艺、李华、孙士庆等,由杨秀君负责统稿。本系列丛书从策划到定稿由陶倩总体负责。本系列丛书在编作过程中,由于时间和能力所限,存在的不足之处敬请读者指正,书中的内容观点由作者自负。

  本系列丛书的顺利出版要感谢上海大学社会科学学部和马克思主义学院,感谢上海大学出版社,也感谢所有对本书的出版给予帮助的人!

陶　倩

2019 年 7 月